中国教育发展战略学会
人工智能与机器人教育专业委员会　青少年科技教育系列研究成果

中小学编程课程教学设计

中国教育发展战略学会　组编
韩力群　林水源　李诗懿　主编

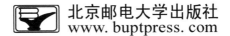
北京邮电大学出版社
www.buptpress.com

图书在版编目(CIP)数据

中小学编程课程教学设计 / 中国教育发展战略学会组编. -- 北京：北京邮电大学出版社，2022.7
ISBN 978-7-5635-6673-0

Ⅰ. ①中… Ⅱ. ①中… Ⅲ. ①程序设计—教学设计—中小学 Ⅳ. ①G633.672

中国版本图书馆 CIP 数据核字(2022)第 119940 号

策划编辑：刘纳新　姚　顺　　责任编辑：孙宏颖　　责任校对：张会良　　封面设计：七星博纳	
出版发行：北京邮电大学出版社	
社　　址：北京市海淀区西土城路 10 号	
邮政编码：100876	
发 行 部：电话：010-62282185　传真：010-62283578	
E-mail：publish@bupt.edu.cn	
经　　销：各地新华书店	
印　　刷：唐山玺诚印务有限公司	
开　　本：720 mm×1 000 mm　1/16	
印　　张：6.5	
字　　数：91 千字	
版　　次：2022 年 7 月第 1 版	
印　　次：2022 年 7 月第 1 次印刷	

ISBN 978-7-5635-6673-0　　　　　　　　　　　　　　定　价：30.00 元

・如有印装质量问题，请与北京邮电大学出版社发行部联系・

《中小学编程课程教学设计》
编 委 会

主　任：孙霄兵　中国教育发展战略学会执行会长、教育部政策法规司原司长

秘书长：韩力群　中国教育发展战略学会人工智能与机器人教育专业委员会副理事长兼秘书长、北京工商大学教授

委　员（按姓氏首字母排序）：

　　　　高　山　北京市第二中学信息技术学科主任

　　　　洪文兴　厦门大学自动化系教授

　　　　黄松皓　世纪海航（厦门）科技有限公司首席信息学奥赛教练

　　　　孙富春　清华大学计算机科学与技术系教授

　　　　王　敏　厦门市教育科学研究院信息技术教研员

　　　　雍俊海　清华大学软件学院教授

　　　　张双鼓　中国教育发展战略学会常务副会长、中国常驻联合

国教科文组织代表团前公使衔副代表

张欣欣　中国教育发展战略学会人工智能与机器人教育专业委员会理事长、北京科技大学原校长

郑增仪　国家督学、教育部基础教育司原副司长

钟义信　发展中世界工程技术科学院院士、北京邮电大学原副校长

出版说明

2017年7月，国务院颁发了《新一代人工智能发展规划》，提出"在中小学阶段设置人工智能相关课程，逐步推广编程教育"。与人工智能课程相比，编程课程对师资水平、硬件设施的要求较低。虽然各地方在陆续推广编程教育，但对于课程的开设年级、教学目标、教学内容等问题仍存在着较大的分歧。

中小学编程教育的普及与人工智能课程的开设息息相关，因此，中国教育发展战略学会人工智能与机器人教育专业委员会在编写《中小学人工智能课程教学指南》的同时，也在着手推进《中小学编程课程教学设计》的编写工作。《中小学编程课程教学设计》的编写历时一年半左右，其间邀请了编程相关领域专家与教育领域专家对中小学编程知识体系进行了深入探讨，并就相关问题咨询了各地一线信息技术教师，据此对《中小学编程课程教学设计》的内容进行了完善与优化。2021年6月底，中国教育发展战略学会组织专家对《中小学编程课程教学设计》进行了评审与论证，与会专家对《中小学编程课程教学设计》的内容作出了高度评价。

《中小学编程课程教学设计》的出版将为全国各地中小学校开展编程课程的具体事项提供指导意见，解答有关编程课程的开设年级、知识体系、学科融合等方面的疑问，助力编程教育的推广与普及。

目 录

第一部分 前言 ·· 1

    一、课程性质 ·· 2

    二、课程基本理念 ·· 4

    三、设计思路 ·· 6

    四、《设计》的框架 ·· 7

第二部分 课程目标 ·· 10

    一、核心素养内涵 ·· 10

    二、总目标 ·· 11

    三、学段目标 ·· 13

第三部分 课程内容 ·· 15

    一、第一学段(小学 1～3 年级) ·· 15

    二、第二学段(小学 4～6 年级) ·· 20

    三、第三学段(初中 1～3 年级) ·· 25

    四、第四学段(高中 1～3 年级) ·· 30

第四部分 课程活动 ·· 37

    一、课程开发 ·· 37

二、课程实施 ·· 51

三、课程评价 ·· 63

四、课程环境建议 ·· 71

五、教师发展建议 ·· 76

附录 A　图形化编程教学师资培训 ·························· 82

附录 B　Python 编程教学师资培训 ························· 85

附录 C　河北省中小学计算机教室建设标准(试行)

（冀教备〔2005〕4 号）······································ 89

附录 D　中小学计算机网络教室建设基本规范(地方标准)·········· 91

第一部分　前　　言

21世纪以来,信息技术发展迅猛,已经成为当今先进生产力的代表,成为我国经济发展的重要支柱和建设网络强国的战略支撑,深刻地影响着社会的经济结构和生产方式。计算机作为信息技术的核心载体和关键基石,广泛地应用于生产生活的方方面面,在推动社会向信息化、智能化发展的过程中起到了重要作用。编程作为人类指导计算机执行任务的行为,是人类通过计算机推动信息技术发展的必由之路,也是人类利用信息技术推动社会发展的必由之路。对编程意识、知识与技能的培养已成为未来人工智能人才培养中不可或缺的一部分。

2017年,国务院发布了《新一代人工智能发展规划》,正式提出了"在中小学阶段设置人工智能相关课程,逐步推广编程教育"。2018年,教育部发布了《教育信息化2.0行动计划》,进一步提出了要"完善课程方案和课程标准,充实适应信息时代、智能时代发展需要的人工智能和编程课程内容"。在政策的大力支持与社会各界的积极参与下,中小学编程教育在过去数年内取得了快速发展,根据教育部公布的《关于政协十三届全国委员会第三次会议第3172号(教育类297号)提案答复的函》显示,目前,"编程教育等信息技术内容已纳入小学、初中科学课程和中小学综合实践活动课程,并有机融入相关学科课程,高中阶段还专门开设信息技术课程"。

编程能力作为信息素养的重要组成部分,是信息技术时代每一个公民应该具备的基本素养。面向未来,信息技术将起到越来越重要的作用，为各行各业的生产效率提升，甚至是整体性变革提供支持，理解信息技术及其底层运行逻辑是未来人才的必备技能。与此同时，编程教育不仅能够使学生掌握信息技术时代的学习生活中所需要的编程知识与技能，而且还有助于培养学生的思维能力、创新能力、吃苦精神、坚毅品质和科技人文素养。将编程教育纳入基础教育范畴，为我国培养未来人工智能时代人才奠定了良好的基础。

为了更好地推动编程教育的发展，提高中小学阶段编程课程的教学质量，2021年，中国教育发展战略学会人工智能与机器人教育专业委员会组织编写了《中小学编程课程教学设计》（以下简称《设计》）。《设计》遵循教育教学规律，结合中国中小学学情，借鉴发达国家编程教育经验，对我国中小学编程课程的建设提供了整体性建议。《设计》以中小学编程课程建设为核心，从课程目标、课程内容、课程开发、课程实施、课程评价、课程环境与教师队伍建设等方面进行体系化论述，为中小学教师及其他教育从业者开展和推广中小学编程课程提供了支持。《设计》同时注重对信息技术伦理尤其是网络安全意识的教育，注重编程与其他学科的跨学科融合，注重对创新意识的启发，注重对计算机良好使用习惯的培养，以促进学生思想品德、创新能力、良好习惯与科技人文素养的全面提升，为人类步入人工智能时代做好准备。

一、课程性质

编程课程是一门以锻炼学生的计算思维，培养学生的创新意识，丰富学生的科技人文素养为目标的跨学科实践性课程。编程课程具有以下几个特性。

1. 基础性

编程是人类与计算机进行交流的手段，是人类操作计算机的主要方式，也是人类应用信息技术的核心基础。编程课程在学生学习信息技术的过程中占据基础地位，将帮助学生更好地理解计算机世界的底层逻辑以及信息技术的核心原理，真正做到让学生"知其然，还知其所以然"。编程是学生学习信息技术到一定阶段时需要开始体系化学习的内容，编程课程将使学生掌握编辑程序必备的基础知识和基本技能，加深学生对信息技术的理解。《设计》要求学生在学习编程的过程中夯实对基础概念和基本语法的理解，以及对基本操作和基本技能的掌握，培养基本编程意识，掌握基础编程知识，建构基础编程技能，适应新时代下信息技术的发展。

2. 工具性

编程作为人类与计算机进行交流的方式，是人类操作计算机去解决问题的工具。编程的工具性主要体现在计算思维和计算机程序两个方面。计算思维是用于分析和解决问题的思维方式，包括"分解问题—模式识别—抽象规律—算法实现—优化迭代—泛化使用"等步骤，能帮助学生更清晰、快速地解析问题并提出解决方案，既可以用于编程领域，也可以用于日常生活中；计算机程序则以编程的方式为各种问题提供解决方案，即在解决问题的算法实现中，以编程进行算法实现、解决问题。《设计》强调中小学阶段的编程课程以培养计算思维为主要目标，辅以生活中对编程进行应用的体验项目，使学生全面了解编程对个人、社会发展起到的重要作用。

3. 实践性

编程是一门实践性极高的学科，致力于为生活中的问题提供信息技术领域的解决方案。编程本身也被纳入教育部《中小学综合实践活动课程指导纲要》的推荐课程内容。《设计》强调编程课程教学要立足于编程的实践性特征，一是要在课程开发过程中充分考虑对编程实践性的呈现，尽可能使用来自真实生活的案例，引导学生认识编程在解决问题中的作用，培养学生信息意识，二是要在课程实施过程中持续引导、鼓励学生动手实践、继承创新,以培养学生的动手能力,三是要在课程评价中重视对实操操作的评价以及对动手能力的评价,引导学生与教师的关注度往实践活动倾斜。

4. 综合性

编程课程是一门跨学科课程,编程语言体系离不开数学、英语等基础学科,编程解决问题的过程需要融合其他学科知识,同时编程也将使其他学科的知识得到更好的呈现和更高效的应用。《设计》强调在编程课程教学的过程中,对于完成学习所需的其他学科知识,应进行符合对应学科要求的科学阐释和严谨教学,同时,在案例程序和课后作业中,多设计跨学科融合的案例,运用多学科知识共同解决生活中的问题,将数学、英语、语文、美术和音乐等学科知识融入程序当中,使学生充分认识到编程学科与其他学科之间的关系,激发其将这些知识主动连接和主动融合。

二、课程基本理念

编程课程是一门以锻炼学生的计算思维、培养学生的创新意识、丰富学生的科技人文素养为宗旨的综合素质教育课程。编程课程的基本理念如下。

1. 课程目标以培养学生信息素养为导向

编程课程强调学生综合运用编程与多学科知识认识、分析和解决现实问题,树立信息意识,提升信息素养,发展创新精神,培养实践能力,以适应快速变化的社会生活、职业世界和个人自主发展的需要,迎接信息时代和知识社会的挑战。在课程目标的设计上,编程课程应建立"知识与技能、过程与方法、情感态度与价值观"三维目标架构,并将三维目标统一于提升学生信息素养这个大目标上,为国家培养未来人工智能时代的人才。

2. 课程开发以解决现实问题为主要背景

编程课程应引导学生面向现实生活，以编程解决现实问题，使学生体验编程的工具性，理解编程的实践性。在课程开发的过程中，开发人员要面向学习生活、日常生活、社会生活和自然世界，发掘和学生息息相关、能有共情共感的案例，使学生认识编程的实际价值。课程内容应兼具时代特征与社会特征，反映信息技术变革的前沿动态与知识，反映编程对社会发展方方面面的影响，持续深化编程与现实世界的连接。

3. 课程实施应注重学生主动实践和创新应用

编程课程应注重培养学生的动手实践能力、发展创新精神。在课程实施的过程中，教师应预留充分的时间与空间让学生动手实践，使学生体会运用编程解决问题的过程以及不断调试代码优化升级的过程，培养学生解决问题的主动性与能力。同时，教师应多运用启发式教学方法，鼓励学生举一反三、拓展创新，将编程的方法与思路应用在更多元的生活场景、更广阔的现实世界之中。

4. 课程评价主张科学多元评价

编程课程评价的主要目的是全面了解学生编程学习的过程和结果，激励学生学习和改进教师教学方法。建立目标多元的评价体系，既要关注学生学习的结果，也要重视学习的过程；既要关注学生对编程知识与技能的掌握情况，也要重视学生在学习活动中所表现出来的情感与态度。建立方法多元、契合编程课程教学场景的评价方法，创造性地设计项目制教学过程中的过程性评价与整体性评价，促进基于项目的学习。

三、设计思路

《设计》基于如下思路进行设计，以为中小学编程课程的开发、实施与评价提供借鉴。

1. 以立德树人的价值观为指导思想

《设计》坚持立德树人的价值观，从始至终倡导编程课程应充分挖掘编程学科中的思想价值、人文价值和育人内涵，引导学生建立信息社会责任意识，建立健康技术价值追求，提高学生在信息技术时代中生存、发展与创新的能力。

2. 尊重学生主体地位

学生是学习的主体，教师是学习的组织者、引导者与合作者。《设计》强调在编程课程的组织实施过程中应充分尊重学生主体地位，发挥其主导作用，激发学生兴趣，调动学生积极性，引发学生的逻辑思考，鼓励学生的创造性思维。

3. 按照本学段的学生学情

《设计》参考了我国义务教育与普通高中课程设计标准，将中小学阶段十二年的学习时间划分为 4 个学段，按照对应学段学生的认知规律、心理特征和知识水平，选择课程内容，确保知识体系清晰、难易梯度合理，提供适度的认知挑战，让学生保持学习兴趣，引发持续思考。

4. 参照国际中小学编程教育的最新成果

《设计》参考了国际中小学编程教育的实践情况和最新研究成果，参照先进课程体系的设计思想和既有经验，结合我国学生基本情况和教学时间，持续调整和优化编程课程的知识体系、内容模块、教学方式和评价体系,以提高课程设计的前瞻性。

5. 依据编程学科的自身发展特征

《设计》依据编程学科基础性、工具性、实践性和综合性并重的特征,设计活动情境,注重学生在项目中学习;依托快速发展与日益更新的信息技术工具,保持对新技术成果的开放性,鼓励师生共同学习。

四、《设计》的框架

除前言部分外,《设计》还包含课程目标、课程内容、课程活动三部分内容,具体如下。

1. 课程目标

《设计》提出了编程课程的总体目标和各项目标,从知识技能、综合思考、问题解决、情感态度等4个方面加以阐述。

2. 课程内容

《设计》将中小学阶段十二年的学习时间划分为4个学段:第一学段(小学1～3年级)、第二学段(小学4～6年级)、第三学段(初中1～3年级)、第四学段(高中1～3年级)。每个学段的课堂教学都按32～40学时设计,上机编程与课堂教学的课时比为2∶1。

在各个学段,《设计》将所需教学的内容划分为5个教学模块:计算机导论、程序设计、算法、编程需要的数学基础、编程与社会。根据青少年的认知特点,不同学段所含的模块数量存在一定的差异。

(1) 计算机导论模块

计算机导论模块的主要内容包括计算机的组成、计算机的使用、计算机的运行原理、互联网协议等。在计算机导论模块的教学中,学生应通过实际操作掌握计算机的正确使用方法,理解计算机的运行原理,进一步激发学生的探索欲和学习兴趣,为后续的编程实践打下良好的基础。

(2) 程序设计

程序设计模块的主要内容包括集成开发环境的使用,程序中的数据、数据结构和函数,代码的编写与调试等。在程序设计模块的教学活动中,根据不同学段的特点可以选择图形化编程、Python或C++等语言作为教学工具,以提高学生的构思能力和代码编写能力为主要目标,让学生养成严谨的编程习惯,充分体验编程的实用性和趣味性。

(3) 算法

算法模块的主要内容包括绘制流程图、常用算法原理的掌握和运用、常见数据结构的学习等。在算法模块的教学活动中,第一、第二学段的案例应贴合生活实际,以培养学生的观察和分析能力,建立学生解决问题的逻辑思维模式,让学生学会将复杂问题分解为多个子问题的处理方法;第三、第四学段则需理解常见的数据结构和相关的定义、修改、使用,进一步提升学生通过编程解决复杂问题的能力。

(4) 编程需要的数学基础

编程需要的数学基础模块的主要内容包括数与代数、图形与几何、组合数学、初等数论等。鉴于编程课程所需的部分数学知识与当前学段的数学课程内容不匹配,此模块将对这些知识进行一定程度的整理和教学,以避免在编程过程中可能遇到的一些问题。在编程需要的数学基础模块的实际教学中,相关知识的教学要与在编程中的实际运用紧密联系,注重"理解性教学",使学生体会到数学的重要性和编程的综合性。

(5) 编程与社会

编程与社会模块的主要内容包括计算机发展历史、信息发展历史、编程在各行各业的应用、互联网的使用及安全教育等。编程与社会模块强调要使学生在体验编程应用的过程中,理解编程对社会经济、生活的影响,认识社会的发展趋势,从而更好地规划自身的学习生涯。

3. 课程活动

为了保证《设计》的顺利实施,下面分别对课程开发、课程实施、课程评价、课程环境与教师发展等方面提出实施建议。

- 课程开发:明确课程开发所需考虑的多种因素和原则,明确课程的呈现形式,为中小学编程课程的设计提供指导。
- 课程实施:为课堂导入、新课讲授、巩固练习、课堂总结、作业布置5个课程环节的实施提供指导意见,明确实施要点。
- 课程评价:明确课程评价的作用,明确课程评价的原则与要点,提供课程评价体系设计指导与分析指导。
- 课程环境:中小学计算机教室满足了编程学习的基本需求,编程创客教室将帮助学生亲身感受软硬件结合,并理解编程与人工智能、机器人等其他信息技术细分领域的协作关系。
- 教师发展:明确承担中小学编程教学工作的教师应具备的基本素质和能力要求,为中小学编程教师队伍的建设提供发展建议。

以上内容供有关人员参考、借鉴。

第二部分 课程目标

一、核心素养内涵

编程课程所培养的核心素养包括信息意识、编程思维、计算思维、信息社会责任4个方面。

1. 信息意识

计算机作为编程实践的重要工具,学生有必要充分认识与计算机相关的知识,包括计算机的组成、计算机体系结构、网络原理与常见协议以及部分编译原理,并逐步养成利用计算机解决实际生活问题的习惯。

2. 编程思维

学生在学习编程的过程中,随着学段的变化将认识不同编程语言,理解顺序结构、循环结构、选择结构的逻辑,尝试利用编程实现计算机交互,最终达到能够使用至少一门编程语言独立编写代码的目标。伴随着编程语言的不断发展,学生更要掌握编程语言的基本思想,强化自身的编程思维。

3. 计算思维

通过对算法的学习,学生能够掌握计算机常用经典基础算法,并能用代码实现,能将生活问题建模成数学问题,将复杂问题分解成常见子问题,并对一类常见数学问题能够提出统一算法。

4. 信息社会责任

学生需要了解信息史、计算机史、语言发展史、芯片发展史,从科技水平与技术应用两方面了解现如今中国与世界的计算机领域现状,并知晓中国编程教育事业的意义,能够为自己制定合适的学习规划与职业道路。

二、总目标

通过整个阶段的学习,学生能:

① 获得适应社会生活和进一步发展所必需的编程基础知识、基本技能、基本思想。

② 编程课程需要学生能够对实际问题进行观察和分析,将实际问题转化为抽象模型,并将复杂模型分解成多个子问题,运用常用算法逐一解决,以培养解决实际生活中复杂问题的能力。

- 发现问题,提出问题。面对教师给出的命题或自身提出的创意,学生要首先能对问题做出一定的假设,确定问题的目标与范围,然后对多个目标制定优先级与约束条件,从而将模糊粗略的现实问题转化为具体明确的理论问题。

- 分析问题,构建系统。面对一个明确的问题场景,学生应将没有强逻辑联系的子问题进行分解,将复杂问题拆分成多个子问题,并基于对子问题的适度抽象,将子问题在宏观层面重新组合成一个完整的系统。

- 数学建模,提出算法。对于每个单一子问题,学生应能去掉其实际场景,抽象其规律本质,将其提炼成数学模型,并根据已学的各项算法及其思想,通过组合设计,提出该数学模型的解决算法。

- 编程实践,反复测试。对于整个系统,学生应能确定每个环节之间的接口;对于每个子问题,学生应能根据算法实现功能。同时,学生应能建立每个模块的测试方法,以保证其正确运行。

③ 了解编程的价值,提高学习编程的兴趣,提升学好编程的自信心;养成良好的学习习惯,树立信息时代正确的价值观,具有初步的创新意识和实事求是的科学态度。

- 选择积极向上具有引导意义的作品主题

课堂的编程案例与学生的编程作品应当符合中小学生守则与社会主义核心价值观。例如:以中华优秀传统文化为主题,增强学生民族文化价值认同;以革命传统为主题,增强学生的爱国情怀与主人翁意识;以时政内容为主题,增强学生的价值观教育。

- 以唯物主义为基础奠定科学客观的学科认知

编程具有非真即假的二元性,这一点直接体现在程序的编译结果上。每一处代码编写都会实际地反映在程序结果上,任何错误都会产生程序结果与预想的偏差。

学生在不断实践中理所当然会遇上非预期的错误,教师在此时应该让其认识到客观事实重于主观臆断,培养其唯物主义价值观,养成自我审视与批判性思维,尊重科学,实事求是。

- 培养学生的抗挫折能力、知难而进的韧性、迎难而上的勇气

培养学生独立自主的代码编写能力,便是在培养其编程教育期许的抗挫折能力、知难而进的韧性与迎难而上的勇气。

面对一个未知的程序错误,学生通常需要多次、多角度尝试才能发现问题、解决问题。教师在此刻不应直接帮助其解决问题,而是要予以鼓励,在学生尝试无果后简单提点方向,引导学生自行解决问题,用问题带来的挑战感、解决问题带来的成就感战胜遭遇困难的挫败感。

学生多次独立解决编程过程中遇到的问题,便会提高自己的自信

心、心理承受能力,成长为一个更成熟可靠的个体。

- 强调科技意识教育,激发学生的创造性与时代使命感

学生学习编程课程不仅要学习编程知识,还应当了解编程历史与其对整个人类各个领域带来的巨大影响,了解编程学科的特点与当前技术的现状,引导学生立志解决学科问题,开创编程未来。

三、学段目标

对于每个学段的编程学习,《设计》制定了表2-1所示的阶段性目标。

表2-1 编程学习每个学段的阶段性目标

学段	目标
第一学段	• 理解"电脑"名称的由来,认识常见的计算机类型,能通过外观辨别不同类型的计算机 • 了解计算机的基本特征,能举例说明计算机的应用场景 • 理解编程的概念,能够编写基础代码 • 掌握编程的三大基础结构 • 认识算法,能够对一些数学问题提出编程的解决方法 • 掌握正数与负数、角度的大小、圆的概念、坐标的概念等代数与几何知识 • 认识计算、信息技术、编程、互联网,能够发现计算机技术如何惠及生活
第二学段	• 认识常用文件类型的拓展名。能够用计算机完成一些文件处理操作。认识常见的压缩文件格式,掌握压缩文件的方法 • 认识二进制与其他常见进制,理解不同进制的转换方法 • 认识计算机的常见组成部分,初步了解五大部件连接在一起互相配合、协调工作的原理 • 了解集成开发环境(IDE)的概念,能够使用集成开发环境。了解环境变量的概念 • 认识命令行,掌握启动、退出命令行的方法和一些简单的命令 • 掌握编程中文件的打开、关闭、读取、写入操作 • 掌握编程结构的互相嵌套 • 掌握数据在计算机里的闭环传导 • 认识主要的流程图符号,了解流程图的基本结构。能运用流程图描述和解决实际问题 • 掌握部分经典算法,包括枚举、排序、递推、递归、搜索、二分 • 掌握未知数、幂、逻辑运算等数学概念 • 了解计算机的发展史。了解编程对社会生产、社会发展的影响 • 了解网络信息安全的相关概念

续 表

第三学段	• 掌握计算机的基础编码方式,能区分解释型语言和编译型语言,了解编译型语言的编译过程 • 认识计算机的冯·诺依曼结构,能够区分不同硬件所属分类 • 了解操作系统处理的基本事务和常见的操作系统名称及其分类 • 掌握基础的计算机网络原理,包括TCP/IP协议等 • 能够对自己代码的问题进行调试。掌握多人协同开发。掌握系统库与常用第三方库的引用 • 掌握经典数据结构,包括链表、队列、栈、树、图。掌握部分经典算法,包括贪心、倍增、分治、构造、动态规划 • 掌握部分初等数论、组合数学知识 • 了解编程对商业运行、学术研究的作用。了解芯片对中国和世界的重要性
第四学段	• 了解常见的字符编码,掌握计算机数值编码,并能进行互相转换 • 了解操作系统处理的基本事务。了解编译型语言的编译过程 • 了解计算机软件及其特点 • 了解TCP/IP协议的4层结构,初步认识每一层的大致作用。了解TCP和UDP的区别和联系

注:选修内容未纳入学习目标。

第三部分 课程内容

一、第一学段(小学1~3年级)

小学1~3年级的编程课程为第一学段的课程内容。第一学段的学生刚进入小学开展体系化的学科学习,编程课程属于"入门"阶段,旨在让学生奠定编程学习的前提基础,了解编程的基本概念,体验编程的初步操作。第一学段的课程包括"计算机导论""程序设计""算法""编程需要的数学基础""编程与社会"五个模块,其下各有若干单元。其中,"计算机导论"模块是操作、使用计算机的基础,是编程课程的入门内容,是学习后续内容的前提;"程序设计"模块旨在让学生学习编程的基本概念与基本操作;"算法"模块旨在让学生体验通过编程解决问题的思路,初步培养学生的计算思维;"编程需要的数学基础"模块需要学生掌握本学段编程学习过程中所需的数学知识,帮助其达成对编程更好的理解;"编程与社会"模块引导学生发现编程在生活中的应用场景,认知其意义与价值,激发学生的学习兴趣。

通过本学段的学习,学生应了解计算机及计算机的基本结构,掌握计算机的基本使用方式;了解编辑器及编辑器的界面,掌握编辑器的基本使用方式;理解和掌握程序的基本结构,并实现对应的代码编写;理解程序设计中的数据类型和简单数据结构,并对简单数据结构进行定义、修改和使用;理解算术运算符和逻辑运算符,并运用运算符进行简单的计算;理解算法的定义,并尝试运用流程图表达解决问题的思路,体验和形成计算思维;理解负数、角、圆、坐标等本学段编程学习过程中接触到的数学概念,支持编程学习的开展;了解计算的发展历史,理解发明计算机的意义,认知编程在计算机中所起的作用,感知学习编程的作用;初步形成通过网络获取信息的意识,掌握通过网络获取信息的基本方法,能够借助网络为编程学习与程序设计提供初步支持。本学段设计为 54 课时。

模块一:计算机导论

第一学段计算机导论模块的学习内容见表 3-1。

表 3-1　第一学段计算机导论模块的学习内容

序号	知识点	建议学习目标
1	认识计算机	(1) 通过实物认识常见的计算机类型,能通过外观辨别不同类型的计算机。 学生应能够通过计算机的外观识别不同类型的计算机,例如台式计算机、笔记本计算机、平板计算机或大型计算机、小型计算机等。 (2) 了解计算机的常见功能,并说明具体应用方式。 学生应了解计算机的常见功能,并可以举例说明,如可进行计算、绘制图画、编辑文本和录制声音等。
2	硬件与软件	(1) 认识计算机的基本结构,了解硬件和软件的定义,能区分硬件和软件。 学生应知道计算机是由硬件和软件组成的。计算机硬件是指看得见、摸得着的计算机部件,计算机软件是指用来指挥计算机工作的程序和数据。 (2) 认识计算机硬件,了解主要的硬件及其功能,掌握鼠标和键盘的使用方式。 学生应认识计算机的各种硬件,并了解其主要功能。 • 中央处理器(CPU):计算机的"大脑",在计算机中进行的所有操作都是由中央处理器来完成的。 • 存储器:计算机的"记忆体",用来存储信息,包括内存条、硬盘、移动硬盘、U 盘和光盘等。 • 显示器:用来向人们呈现计算机处理过的信息的硬件。 • 鼠标:用来操作显示器上的鼠标指针的硬件。 • 键盘:用来向计算机输入字母、阿拉伯数字、标点符号、汉字等信息的硬件。 (3) 理解文件、文件夹的定义,认识文本、音频、图片、视频等文件类型。 学生应了解计算机文件的概念,能够知道常见的图片、声音、视频可以用文件、文件夹的形式保存与查看。

续 表

序 号	知识点	建议学习目标
3	计算机的使用	(1) 体验计算机的使用过程,掌握正确的打开计算机、关闭计算机的方式,培养学生计算机使用完毕就关机的习惯。 学生应掌握计算机正常情况下的冷启动——按电源键,以及死机状态下的热启动——按 Ctrl+Alt+Del 或者 Reset 键。 学生应掌握正确的关机方式,以及关机与第二次开机中间需至少等待 1 分钟,以避免因等待时间太短,烧坏主机。 (2) 掌握鼠标的基本操作方式,包括移动、单击、双击、右击和拖动。 学生应掌握鼠标的基本操作方式。 • 移动:握住鼠标在平面上移动,显示器上的指针也会对应移动。 • 单击:用食指按下鼠标左键后快速松开,可用来选定对象或选取菜单。 • 双击:用食指快速、连续地按下鼠标左键两次,可用来打开某个对象。 • 右击:用食指按下鼠标右键后快速松开,可用来打开某些快捷菜单。 • 拖动:将鼠标移到要拖动的对象上,按下左键不松开直到把对象拖到了目标位置,可用来在显示屏上移动对象。 (3) 了解键盘的布局结构,了解键盘的键位分布,掌握键盘的基本操作方式。 学生应掌握键盘的布局以及基本的操作方式。 • 键盘的布局结构:主键盘区、功能键区、光标控制键区、小键盘区、指示灯区。 • 键盘的键位分布:英文字母键、数字键、符号键、功能键等在键盘上的位置。 (4) 认识浏览器,了解浏览器的功能,掌握浏览器的基本使用方式。 学生应掌握正确的网站格式,能登录指定网站,掌握从网上保存或下载文字、图片、音频资料的方法。 学生应掌握搜索网站的方式,掌握关键字检索法。

模块二:程序设计

第一学段程序设计模块的学习内容如表 3-2 所示。

表 3-2　第一学段程序设计模块的学习内容

序 号	知识点	建议学习目标
1	编辑器的使用	(1) 认识程序编辑器页面,认识对应的代码文件类型。 学生应理解在程序编辑器里编写程序,并认识编辑器的界面布局和主要功能按键,掌握从桌面、菜单栏、任务栏中打开编辑器的方式。 学生应理解写好的程序代码在计算机中有特殊的文件类型来进行保存,例如,图形化编程软件 3.0 版常见保存文件后缀名为.sb3,Python 常见保存文件后缀名为.py,图片格式文件以.jpg、.png 格式为主,音频文件后缀名以.mp4、.wav 为主。特定的后缀名大多由对应的软件打开并进行浏览。 (2) 熟悉编辑器的基本操作,包括打开、新建、修改、保存对应的代码文件。 学生应掌握编辑器的基础操作,能够独立地打开、保存和修改程序代码,能够结合基础操作,进行简单的程序编写或者运行已经写好的代码,能将程序保存在指定路径。

续表

序号	知识点	建议学习目标
2	程序的基本结构	理解顺序结构、选择结构、循环结构的执行步骤,并能实现对应的代码编写。 学生应了解程序代码是有特定的执行顺序的,并理解不同类型的结构程序拥有不同的执行顺序和执行方式,能够分辨并进行表述。 • 顺序结构是一种按照解决问题的顺序写出相应的语句的程序结构。它的执行顺序是自上而下,依次执行。它是最简单也是应用最多的程序结构。 • 选择结构是一种用于判断给定的条件,并根据判断的结果来控制程序流程的程序结构。 • 循环结构是一种在程序中需要反复执行某个功能而设置的程序结构。
3	程序设计中的数据	(1) 认识常见数据类型,包括数字、字符、布尔。 学生应理解数字、字符的定义,能区分数字与字符。 学生应了解布尔的定义,能对简单命题以布尔值给出判断回答。 学生应能在不同场合运用合适的数据类型。 (2) 了解简单数据结构,包括变量、数组、列表。 学生应了解变量的概念,能够使用抽象的符号使其来表示程序当中的不同数据类型。 学生应了解数组/列表的概念,能够认识并读懂生活中的表格,并能使用抽象的数组/列表等数据结构来存储表格内的数据。 (3) 能对简单数据结构进行定义、修改和使用。 学生应能对数据结构进行定义,并且根据实际情况选择合适的数据结构。 学生应掌握修改数据结构的方法,如增值、减值、增项、减项、重命名等。 学生应掌握使用数据结构的方式,能在程序中调用数据结构。
4	运算符	(1) 认识基础运算符,包括算术运算符和逻辑运算符。 学生应理解常见基础运算符,包括加、减、乘、除、正号、负号和取余等,掌握通过算数运算符设计简单的加、减、乘、除运算程序的方式。 学生应理解布尔逻辑中的与和或,了解非和异或,并使用与和或实现一定的逻辑判断。 (2) 能使用基础运算符进行运算,了解运算符的优先级和运算规则。 学生应运用现阶段课本中所学的数学知识进行计算,以加、减、乘、除为主。一年级和二年级上学期的计算以加、减为主,二年级下学期、三年级的计算以乘、除为主,并理解不同运算符的优先级以及相应的运算规则。

模块三:算法

第一学段算法模块的学习内容见表3-3。

表 3-3　第一学段算法模块的学习内容

序号	知识点	建议学习目标
1	认识算法	（1）了解算法的定义，通过实例理解算法是解决特定问题的计算方法和步骤。 学生应掌握将生活中复杂问题的解决拆分为细小步骤的组合的方式，这是算法的一种表现形式。 学生应能结合日常生活的情景，理解算法的基本概念，能认识到过程、步骤、逻辑对解决问题结果的影响。 （2）掌握一些数学实践问题的算法。 学生应通过使用数字、符号的结合，在编程工具中解决简单的问题。 对于相同的问题，学生可以采用不同的思路来解决，并对两者进行基于算法层面的分析。
2	流程图	（1）会用自然语言描述解决问题的过程，会阅读简单的流程图。 学生应了解流程图的常用图形符号，能够阅读简单的流程图，并能够通过自然语言对流程图进行表述。 （2）能根据简单案例画出对应的流程图。 学生应理解流程图是描述计算机算法的可视化方式。流程图能够帮助学生梳理自己的想法与逻辑，协助学生完成对程序控制、逻辑结构的理解。
3	计算思维	理解计算思维的概念并加以运用。 学生应理解计算思维的概念并加以运用，能运用计算机科学的基础概念去求解问题、设计系统和理解人类的行为，并实际体验界定问题、分解问题、抽象特征、设计算法、建立结构的过程。

模块四：编程需要的数学基础

第一学段编程需要的数学基础模块的学习内容如表 3-4 所示。

表 3-4　第一学段编程需要的数学基础模块的学习内容

序号	知识点	建议学习目标
1	数的认识	认识负号和负数，理解正数与负数的相对关系。 学生应重点理解数字的方向性，理解负号是对数字方向的表示，能够结合距离、坐标等概念理解并运用负数。
2	图形与几何	（1）了解角度的概念，会比较两个角的大小。 学生应了解角度的概念、符号以及特定角度间的相互关系，能够对不同角的大小进行判断，掌握两个角大小的比较方式。 （2）了解圆的相关概念，能区分圆和椭圆。 学生应正确认识圆、圆心、半径、直径的概念，并能够实现圆形的绘制。 学生应能够在外观上对圆和椭圆进行区分，并能够描述二者的区别。 （3）了解坐标的概念，结合实例理解坐标是表示物体位置的工具。 学生应正确认识坐标轴以及坐标所表示的含义，能认识并找到中心点，以及认识不同分区对应的坐标差异。 学生应理解涉及坐标运动的简单运算，控制移动。

模块五:编程与社会

第一学段编程与社会模块的学习内容如表 3-5 所示。

表 3-5　第一学段编程与社会模块的学习内容

序　号	知识点	建议学习目标
1	计算的发展史	(1) 了解计算工具的演变过程,认识常见的计算工具。 学生应了解计算工具的发展历史及演变过程,了解常用的一些计算工具的使用方法,举例描述计算工具的使用场景。 (2) 通过图片或视频认识第一台电子计算机,理解计算机诞生的意义。 学生应在对计算机历史的学习与了解过程中,逐步认识与理解编程与计算机的发展过程及原理,并了解计算机语言的发展过程。
2	认识信息技术	(1) 了解信息技术中主要包含信息的采集、传递、处理等过程。 学生应理解信息技术的主要含义,并能够通过实际案例划分其中的采集、传递、处理等部分。学习这块知识有助于学生理解信息技术的发展过程,并对信息技术有较为直观的认识。 (2) 认识信息技术的发展历史,认识信息革命,了解迄今为止每次信息革命的标志。 学生应通过对于信息技术发展历史的学习,了解不同时期信息革命的标志,了解信息技术的发展历程,以理解信息技术发展所经历的各个时期所处的背景,对于未来信息技术发展的路线有一定的认识与展望。
3	编程的应用	了解编程在日常生活中的应用,体验餐饮购物、出行导航等日常生活中常见的编程产品。 学生应从实际案例入手,体验日常生活中常见的编程智能产品,并能简单分析背后的思维逻辑。
4	互联网	(1) 了解互联网的概念,能举例说明互联网的应用场景。 学生应了解互联网的产生及发展过程,认识互联网可以提供的服务,并熟悉互联网常见的功能,从实际生活出发描述互联网带来的便利。 (2) 体验登录和使用互联网,理解互联网对于日常生活的便捷性和重要性。 学生应通过实际案例使用互联网,学习信息的有效检索,并能够对信息有一定的筛选与辨别能力,通过操作获取所需的知识与经验。

二、第二学段(小学 4~6 年级)

小学 4~6 年级的编程课程为第二学段的课程内容。第二学段学生在经历了小学 1~3 年级的编程入门知识体验后,将逐步开始尝试并掌握代码式编程,熟悉编程工具的使用,能够独立设计较简单的程序。本学段课程包括"计算机导论""程序设计""算法""编程需要的数学基础""编程与社会"五个模块,其下各有若干单元。其中,"计算机导论"模块需要学生了解计算机操作系统的使用与文件分类,能够简单理解计算机的硬件工作原理,并学会使用搜索引擎等现代化学习工具辅助学习;在"程序设计"模块中,学生在第一学段掌握编程的基本概念与基本操作后,将逐步了解代码式编程的原理以及完整流程;"算法"模块与第一学段类似,旨在让学生体验通过编程解决问题的思路,初步实现简单的算法;"编程需要的数学基础"模块需学生掌握本学段编程学习过程中所需的相关数学知识,以帮助其达成对编程更好的理解;"编程与社会"模块引导学生体验现代生活场景中的多种编程应用,帮助学生探索并发现编程的乐趣。

模块一:计算机导论

第二学段计算机导论模块的学习内容如表 3-6 所示。

表 3-6　第二学段计算机导论模块的学习内容

序号	知识点	建议学习目标
1	认识计算机	(1) 认识常用文件类型的扩展名,了解一种文件类型可能有多种扩展名。 学生应该意识到扩展名是文件必不可少的一部分,并能够根据常用的扩展名来区分不同类型的文件。学生应当理解并学会修改文件名与扩展名的区别与意义。此部分内容可以与信息技术课程结合。 (2) 认识常见的压缩文件格式,掌握压缩文件的方法。 学生应当学会打开与使用压缩文件,能够实现自己创建压缩文件、往压缩文件中添加文件等操作,能够分辨网络上下载的普通文件与压缩文件。 (3) 认识二进制与其他常见进制,例如十进制、十六进制与八进制,了解不同进制的转换方法。 学生应当了解计算机内部的基本运作原理,知道二进制与十进制的区别。 在计算机的学习过程中,常用到不同进制的数,例如十进制、十六进制、八进制和二进制,要对这些不同进制的数做到初步掌握,并了解不同进制的运算原则以及互相转换的方法。计算机中信息的处理和存储都采用二进制,因为二进制运算简单,计算机硬件容易实现且逻辑性强。
2	硬件与软件	(1) 初步了解计算机五大部件连接在一起互相配合、协调工作的原理。 (2) 认识计算机软件程序的基本知识,包括系统软件与应用软件两大类,对于操作系统、语言程序处理系统以及数据库管理系统有初步的了解,另外能够了解并运用一些常用的应用软件。

续表

序号	知识点	建议学习目标
3	计算机的使用	（1）掌握搜索引擎的使用方法，理解"关键词"的概念，会运用合适的关键词进行正确搜索。 学生应该掌握如何使用并组合搜索关键词来帮助自己在互联网上搜索需要的信息。学生应该掌握如何找到合适的关键词，学会使用关键词的连接、组合操作。 另外可以引导学生探索更多高级搜索操作，比如使用图片搜索等，帮助学生更加便捷地获取多元化的信息。 （2）能够运用软件或网页对图片文件进行裁剪、旋转、调节亮度、调节饱和度等初步处理，并了解相关概念。 图片文件是学生在计算机学习过程中常见的一种文件格式，学生对于不同格式的图片，以及位图与矢量图等概念要有初步的了解与认识，能够利用网页或者应用软件（例如 Photoshop 等图片处理软件）对图片进行编辑操作，这是学生应该熟练掌握的技巧。 （3）能够运用软件或网页对音频文件进行音量调节、音调调节和速度调节，并了解相关概念。 学生应该掌握利用专门的音频处理软件或者网页对音频文件的处理与编辑。 引导学生利用相关软件对视频文件等进行剪辑与编辑等初步操作。

模块二：程序设计

第二学段程序设计模块的学习内容如表 3-7 所示。

表 3-7　第二学段程序设计模块的学习内容

序号	知识点	建议学习目标
1	集成开发环境	（1）了解集成开发环境的概念，能够使用集成开发环境，了解环境变量的概念。 学生应该能够区分继承开发环境与编程语言，能够掌握几种常用的继承开发环境的使用。学生需要理解编程工具运行的方式与方法，并能够针对指定的集成开发环境进行环境变量的配置。 （2）认识命令行，掌握启动、退出命令行的方法和一些简单的命令。 学生应当理解命令行与命令行操作系统的概念，能够在常见的集成开发环境或操作系统中使用简单的命令行指令，例如启动程序、关闭程序、新建文件与文件夹、浏览文件、加载环境选项等。 （3）掌握编程中文件的打开、关闭、读取、写入操作。 学生应当学会使用编程语言来操作计算机中的文件，能够分辨文本文件与二进制文件，能够读取、写入、修改、删除常见的文本文件格式。
2	程序的结构	理解分支结构、循环结构的嵌套，能实现对应代码的编写。 学生应该理解分支结构的含义，能够运用分支结构与逻辑判断、逻辑运算符来控制程序的流程，能够熟练掌握分支流程的运行结构。

续 表

序 号	知识点	建议学习目标
3	数据	（1）了解交互的含义，能实现程序输入、输出的功能。 　　学生需要学会使用编程语言中的输入、输出功能，能够利用变量来实现数据的输入，能够使用格式控制代码来实现输出格式的设定、修改。 （2）理解程序中函数、函数变量、返回值的概念，能完成自定义函数的代码编写。 　　学生可以结合数学知识中函数的定义，理解并使用编程语言当中的函数，能够自己编写函数的创建代码，并实现常规函数操作。学生可以结合数学知识中函数的定义，理解并使用编程语言当中的函数。 （3）认识计算机文件的基本格式，能够分辨二进制文件与文本文件。 　　学生可以通过操作系统或者编程工具分辨常见的文件格式，能够理解二进制文件与文本文件的区别，能够使用编程工具对文本文件进行常规的读写操作。 （4）了解二维数据结构的概念，能够定义并使用二维数组或列表。 　　学生能够理解表格的意义，能够用抽象的代码符号来定义、展示生活中的表格类型数据，能够理解并使用二维数组或列表等结构来实现二维数据的抽象表达。

模块三：算法

第二学段算法模块的学习内容如表 3-8 所示。

表 3-8　第二学段算法模块的学习内容

序 号	知识点	建议学习目标
1	流程图	（1）认识主要的流程图符号，了解流程图的基本结构。 　　学生应认识起止框、处理框、判断框、输入与输出框、连接汇合、作业流向等主要流程图符号。 　　学生应了解顺序结构、选择结构、循环结构等基本结构的画法，能阅读也能画出其流程图。 （2）能运用流程图描述和解决实际问题。 　　学生能够利用流程图直观描述解决问题的过程，构建某些程序模型，从而解决实际问题。
2	算法原理	能将复杂问题分解为多个子问题，以方便程序的设计。 　　学生能够独立实现将复杂问题拆分为子问题的步骤，能够进行常规的算法程序设计。

模块四：编程需要的数学基础

第二学段编程需要的数学基础模块的学习内容如表 3-9 所示。

表 3-9　第二学段编程需要的数学基础模块的学习内容

序号	知识点	建议学习目标
1	数与代数	(1) 理解未知数的概念，掌握常用的表示未知数的符号。 学生应该掌握在解决问题的时候，巧妙地引入未知数，从而使得问题更方便地解决。 (2) 理解函数的概念，掌握自变量、因变量的定义。 学生应当掌握数学中函数的基本概念，知道函数基本符号、自变量、因变量的概念，能够理解数学中函数主要体现量的变化，而程序中函数更多用于实现功能。 (3) 理解幂和幂运算的概念。 学生应该掌握幂运算的含义，结合编程知识能够利用程序实现整数的幂运算。
2	逻辑运算	理解逻辑运算的概念，能够使用基础逻辑运算符，包括与、或、非。 学生应该掌握不同逻辑运算的含义，另外能够根据某些命题的真假，来判断逻辑运算命题的真假。

模块五：编程与社会

第二阶段编程与社会模块的学习内容如表 3-10 所示。

表 3-10　第二阶段编程与社会模块的学习内容

序号	知识点	建议学习目标
1	计算的发展史	(1) 了解从第一代计算机到第四代计算机的发展历程。 学生应该了解计算机发展的历史脉络，对于信息技术有一个整体性的认识，能够认识到当今时代，信息技术的发展迅猛，需要不断创新、不断探索。 (2) 理解计算机发展的趋势。 学生能够理解从真空管技术，到晶体管技术、集成电路技术、大规模集成电路技术的发展历史，理解不同年代计算机的简单原理，从计算机的发展历史当中，掌握编程技术的发展史与计算机发展史的关系。
2	编程的应用	(1) 了解编程在社会发展中的应用，体验公共交通、公共安全、医疗卫生等社会生活中常见的编程产品。 学生可以通过模拟校园、虚拟交通管理、虚拟医疗等产品体验编程技术在日常生活中的应用。在体验过程中，学生可以结合自己所学的编程知识与技术，尝试构建生活中常见的程序逻辑与思维脑图。 (2) 了解编程在社会生产中的应用，体验工业机器人、生产安排、物流调度等社会生产中常见的编程应用。 学生可以通过参观与体验工业机器人程序、虚拟物流程序等，了解现代工业中编程的应用与地位。学生可以通过对编程知识的发散，自主探索前沿工业技术，并尝试制作模拟工厂等虚拟场景。 (3) 掌握制定编程学习规划的理念和方法。

续 表

序 号	知识点	建议学习目标
3	网络信息安全	(1) 了解网络信息安全的概念,通过示例认识网络信息安全的重要性。 随着现代计算机技术、网络技术等高科技的快速发展,网络信息安全问题变得越来越多,学生应该建立自觉维护网络信息安全的意识,充分理解网络安全的重要性,在使用网络的时候,保证自己信息的安全,从而塑造一个健康的网络环境。 (2) 掌握信息安全防护的基本方法。 学生应该掌握常用的网络信息安全防护知识,例如对于防火墙以及杀毒软件的使用,以及对于文件的加密处理等操作,保证自己处于一个安全的网络信息环境,防患于未然,切实提高网络信息的安全性。

三、第三学段(初中 1～3 年级)

初中 1～3 年级的编程课程为第三学段的课程内容。学生在本学段将学习到的课程内容相比于前两个学段有了较大的变化,更加强调要理解计算机运行的原理,要掌握应用编程知识、设计程序的方法。本学段的课程包括"计算机导论""程序设计""算法""编程需要的数学基础""编程与社会"五个模块,其下各有若干单元。其中,"计算机导论"模块的内容主要包括掌握计算机内部的二进制和运行原理,了解不同的计算机操作系统,认识和区分更多类型的编程语言;"程序设计"模块主要强调学生在编写程序的过程中需要具备调试的基本能力,需要体验多人协作进行编程的过程;"算法"模块的内容包括掌握常见数据结构的定义、使用和修改方法,掌握一些编程中最常见的经典算法;"编程需要的数学基础"模块的内容主要依据本学段"算法"模块的内容,对相应的数学概念和知识进行巩固或学习;"编程与社会"模块的内容则重点关注编程语言的发展历史、芯片的发展历史,辅以对热门编程应用、常见编程赛事的进一步了解,帮助学生实现更好的职业生涯规划。

通过本学段的学习,学生将从运行原理层面实现对计算机的进一步认知,既可学会日常生活中频繁接触到的存储单位、计算机操作系统等概念,也能明确计算机的二进制运算与常见的十进制运算的区别,并且能够认识和区分多种编程语言。学生在学习程序设计时将初步接触到逻辑复杂或需要多人协同完成的编程任务。本学段明确了程序调试是编程的最重要环节之一,学生应掌握调试程序的基本方法,在提高编程能力的同时,也需提升吃苦耐劳、协同合作的优秀品质。算法的学习是本学段的重点,学生将通过一系列经典算法(枚举法、递推法、递归法、二分法等)的学习与练习实现逻辑思维、计算思维的进一步提升,能够更加灵活地运用算法解决生活中的实际问题。配合算法学习的需求,学生将对质数、因数、倍数及相关概念,抽屉原理以及容斥原理进行巩固复习,也将初步接触到编程中十分重要的逻辑运算概念,为第四学段的编程课程打下良好的基础。此外,学生将深入了解编程语言的发展历史,体验更多行业的热门编程应用,能更加系统地认识到编程的进步与作用,并且通过学习芯片发展历史和人工智能与编程的相关政策、常见赛事,能够更好地认识自身所处的时代背景与发展方向,明确个人的未来目标。

模块一:计算机导论

第三学段计算机导论模块的学习内容如表 3-11 所示。

表 3-11　第三学段计算机导论模块的学习内容

序号	知识点	建议学习目标
1	认识计算机	(1)掌握计算机内部的二进制,理解计算机主要使用二进制的原因。 学生能够认识到计算机内部的数值采用二进制编码,理解计算机主要采用二进制编码的原因包括但不限于以下几点:技术实现简单,运算规则简单,通用性强,稳定性和可靠性高。 (2)掌握二进制与十进制之间互相转换的方法。 学生能够理解在计算机中存在二进制和十进制相互转换的需求,即计算机内部采用二进制数处理信息,而采用十进制数进行输入与输出。在给定一个二进制的整数或小数的情况下,学生能够将其转换为对应的十进制数字,反之亦然。 (3)了解常见的计算机操作系统的名称和其特性。 学生能够认识常见的计算机操作系统名称,如 Windows 10、Mac Os、UNIX、Linux 等,并能够了解相关计算机操作系统的优缺点、主要应用场景等内容。针对上述内容的学习,有条件的学校可以借助安装有不同操作系统的计算机进行展示、演示。 (4)掌握常见的计算机存储单位,能对不同的计算机存储单位进行换算。 掌握常见的计算机存储单位,如 bit(位)、Byte(字节),以及其他基于字节换算的 KB、MB、GB 和 TB 等存储单位。学生能够结合常见物件举例,对这些常见的计算机存储单位进行换算。 (5)认识解释型语言和编译型语言,并能以此区分常见的编程语言。 学生能够掌握解释型语言和编译型语言所代表的含义,理解对应的解释器或编译器的功能。对于常见的编程语言,如 C 语言、C++、Python、Java 等,学生能够区分它们是编译型语言还是解释型语言,并大致了解这些语言的执行方式。

续 表

序号	知识点	建议学习目标
2	硬件与软件	(1) 认识冯·诺依曼体系结构，掌握冯·诺依曼结构计算机的硬件组成。 学生能够掌握冯·诺依曼体系结构的内容，即计算机采用二进制，顺序执行程序，计算机硬件由运算器、控制器、存储器、输入设备和输出设备五大部分组成。 学生能够理解冯·诺依曼结构所存在的局限性，了解现今的计算机在冯·诺依曼结构上所进行的改良。 (2) 掌握常见硬件类型与冯·诺依曼结构中五大硬件部分的对应关系。 给定常见的硬件，如键盘、鼠标、显示器、打印机、中央处理器、内存、硬盘等，学生能够掌握这些硬件在冯·诺依曼结构中所属的硬件分类。
3	计算机网络协议	(1) 了解局域网、城域网、广域网的概念、特点与服务对象。 学生能够掌握计算机网络主要从覆盖范围进行的分类，即可以分为局域网、城域网和广域网，其中局域网的覆盖范围通常从几百米到几千米，城域网的覆盖范围通常从数十千米到数百千米，广域网的覆盖范围通常从几百千米到几千千米。 学生能够认识局域网、城域网和广域网在协议标准、结构特征及对应特点等多方面存在的不同，并能举例说明局域网、城域网和广域网各自的应用场景或典型设备。 (2) 认识IPv4和IPv6的IP位数和常用表示法，了解IPv6相比于IPv4所具备的优点。 学生能够掌握IP的位数概念，了解IPv4的地址是32位的，而IPv6的地址是128位的。掌握IPv4的常用表示法，如255.255.255.255；掌握IPv6的常用表示法，如ABCD:EF01:2345:6789:ABCD:EF01:2345:6789。 学生能够结合现今的网络环境发展特点，举例说明IPv6协议所具备的优点。

模块二：程序设计

第三学段程序设计模块的学习内容如表3-12所示。

表3-12 第三学段程序设计模块的学习内容

序号	知识点	建议学习目标
1	程序的调试	(1) 理解程序调试对于程序质量的重要性，掌握常用的程序调试方法。 学生能够认识到程序调试是编程的常规工作之一，是编程最重要的部分之一，能够掌握IDE调试、打印log、打印中间结果、将错误结果和标准结果进行比对等一系列调试程序的方法，并能根据实际情况使用对应的调试方法并灵活运用。 (2) 认识常见的程序错误类型，能熟练使用集成环境中的调试工具发现和改正程序中出现的错误。 对于特定的编程语言，学生应当通过反复练习来锻炼基本的纠错、调试能力，并能够借助集成开发环境或根据编程语言特性来提升程序编写的效率。

续表

序号	知识点	建议学习目标
2	多人协作开发	(1) 认识多人协作开发的概念和案例,简单了解多人协作开发的流程。 学生应当理解多人协作开发的基本流程与原理,并能够结合给定的实际案例模拟多人协作开发/跨平台开发等情形。 (2) 熟练掌握系统库与常用第三方库的引用。 学生应当掌握常用的第三方库的获取与使用方法,并能够灵活运用搜索引擎等工具提升自身的程序开发能力。

模块三:算法

第三学段算法模块的学习内容如表 3-13 所示。

表 3-13 第三学段算法模块的学习内容

序号	知识点	建议学习目标
1	常见数据结构	掌握栈和队列的基本原理,能实现对应数据结构的定义、修改和使用。 学生可以通过结合现实案例、场景的方式,来理解数据结构当中线性数据结构的分类与原理。学生可以通过可视化的课件、辅助程序等工具,来具体理解不同数据结构内部的运行方式与运行逻辑。
2	常用算法	(1) 掌握算法的时间复杂度和空间复杂度的基本概念,能够使用大 O 表示法来求解常见算法的时间复杂度和空间复杂度。 学生能够认识到算法的时间复杂度和空间复杂度与算法优劣与否的重要联系,能够使用大 O 表示法记录常见算法的时间复杂度和空间复杂度,能够在设定了时间复杂度的要求下实现程序的编写。 (2) 掌握枚举法的基本思想以及其对应的结构。 学生能够掌握枚举法的基本思想以及其对应的结构,能够使用枚举法解决生活中常见的一些问题,能够理解枚举法的优点和缺点,并在此基础上对枚举法进行适当的优化,以降低对应算法的时间复杂度和空间复杂度。 (3) 掌握常见排序算法以及相关概念。 学生能够掌握排序算法的基本分类,可以将其分为比较类排序和非比较类排序,掌握常见排序算法,如冒泡排序、插入排序、选择排序、桶排序等,并且知道它们的时间复杂度和空间复杂度以及稳定性。 (4) 掌握递推算法。 学生能够掌握递推算法,认识斐波那契数列,并且能够解决一些常见的递推问题,知道递推算法的时间复杂度和空间复杂度的计算方法。 (5) 掌握递归算法。 学生能够掌握递归算法,能够理解递归算法的基本分解思想,能够使用递归算法解决生活中的一些常见问题,掌握递归算法的时间复杂度和空间复杂度的计算方法。 (6) 理解递归和递推的特点。 学生能够了解递归算法和递推算法的不同点和共同点,理解递归算法和递推算法各自具备的优势以及存在的劣势。 (7) 掌握二分算法。 学生能够掌握二分算法,理解二分算法的优势,能够使用二分算法解决生活中的一些常见问题,掌握二分算法的时间复杂度和空间复杂度的计算方法。

模块四：编程需要的数学基础

第三学段编程需要的数学基础模块的学习内容如表 3-14 所示。

表 3-14　第三学段编程需要的数学基础模块的学习内容

序　号	知识点	建议学习目标
1	初等数论	(1) 掌握整除、因数、倍数、指数、质数、合数、同余等概念。 这些概念多为数学课程中已经学习过的概念或在此基础上的简单延伸，同时也是数学课程中的重要内容，因此可根据实际情况与数学课程的学习进行有机结合，使学生在充分掌握这些概念的同时，避免教师重复地教学。 (2) 掌握唯一分解定理。 唯一分解定理是本学段算法部分中的经典案例所涉及的概念，可与相关算法进行融合学习和记忆。 (3) 掌握欧几里得算法。 欧几里得算法是本学段算法部分中的经典案例所涉及的概念，可与相关算法进行融合学习和记忆。
2	组合数学	(1) 理解抽屉原理，能运用抽屉原理解决实际问题。 在大部分情况下，抽屉原理在第二学段的数学课程中完成了教学。本学段的编程课程对此知识点的学习目标是学生能够熟练掌握抽屉原理以及灵活运用抽屉原理解决问题。 (2) 掌握容斥原理。 容斥原理相关的概念和题目在小学数学中十分常见。本学段的编程课程对此知识点的目标是学生能够对相关案例进行总结和运用容斥原理解决更多问题。
3	逻辑运算	掌握逻辑运算的概念，能够使用逻辑运算符"异或"。 逻辑运算是计算机功能的重要基础，在编程课程中需要重点对其进行教学，使学生能充分理解和掌握相关概念。

模块五：编程与社会

第三学段编程与社会模块的学习内容如表 3-15 所示。

表 3-15　第三学段编程与社会模块的学习内容

序　号	知识点	建议学习目标
1	编程语言发展史	了解编程语言的发展历史，理解机器语言、汇编语言、高级语言的区别。 学生能够了解编程语言的发展历史，以及理解编程语言的发展路线为何为由机器语言到汇编语言再到高级语言，以及它们各自的特点以及优劣势。

续 表

序号	知识点	建议学习目标
2	芯片发展史	（1）了解世界与中国的芯片发展历史。 学生能够认识芯片(半导体)的组成，了解半个多世纪以来世界的芯片发展历史与中国的芯片发展历史。 （2）理解芯片对于计算机产业发展的重要性。 学生能够理解芯片发展与计算机产业发展之间的紧密联系，能够意识到芯片发展与未来科技发展息息相关，并能优化自己的职业生涯规划。
3	编程的应用	（1）了解编程在商业运行中的应用，体验用户画像、精准营销、裂变传播等商业运行中常见的编程产品。 学生应从实际案例入手，根据需求选择性参考已有的编程应用，进行简单的逻辑分析与方案撰写。 （2）了解编程在学术研究中的应用，体验大数据分析、数据建模、全真模拟等学术研究中常见的编程产品。 学生应从实际案例入手，根据需求选择性参考已有的编程应用，进行简单的逻辑分析与方案撰写。 （3）理解计算机应用领域的基本行为准则，了解计算机犯罪、黑客与网络安全、计算机知识产权等问题。 学生应通过实际案例认识到上述问题所产生的危害与社会影响，并明确自身今后在计算机应用领域中应遵循的基本行为准则，实现正确的自我认知。
4	政策与赛事介绍	（1）了解国家及地方关于青少年人工智能与编程教育的相关政策。 此部分将对相关政策进行介绍与分析，有助于学生了解当前人工智能与编程教育的情况，以此调整自身的编程学习状态。 （2）了解国家及地方关于青少年人工智能与编程教育的相关赛事。 此部分将对相关赛事进行介绍与分析，有助于部分学生寻找到适合自己、可以发挥自己才能的平台，并通过教师的指导实现自身综合能力的进一步提升。

四、第四学段（高中1~3年级）

高中1~3年级的编程课程为第四学段的课程内容。本学段包含五个模块，前三个为必修模块，第四、五个为选修模块，选修模块的设计主要面向有志于参加全国青少年信息学奥林匹克联赛的学生。

通过本学段的学习，学生将更加理解计算机的基本原理，并且能够真正利用编程这个工具来解决很多实际生活中的问题,还能够利用丰富的算法、数据结构和数学工具来对问题进行优化,更高效地解决问题。

模块一:计算机导论

第四学段计算机导论模块的学习内容如表 3-16 所示。

表 3-16　第四学段计算机导论模块的学习内容

序号	知识点	建议学习目标
1	认识计算机	(1) 了解常见的字符编码(ASCII 编码和 GB 编码、ISO 和 Unicode)。 学生能够认识常见的字符编码,并且掌握常见的字符编码对应的存储单位的大小,掌握 ASCII 编码大致包含哪些字符集,理解为什么要有不同的编码,以及为什么要有统一的编码方式。 (2) 掌握计算机数值编码(原码、反码和补码),并能进行互相转换。 学生能够掌握计算机的数值编码,如原码、反码和补码,并且理解计算机内部是用补码进行存储的,以及为什么要用补码进行存储和其对应的优势,对于给定的二进制数值编码,能够进行互相转换,如给定原码求补码,给定补码求原码。 (3) 了解操作系统处理的基本事务。 学生能够掌握计算机操作系统主要需要处理的基本事务,如进程管理、存储管理、设备管理、文件管理和作业管理。 (4) 了解编译型语言的编译过程。 学生能够掌握编译型语言的编译过程,从源代码编译生成机器语言,再由机器运行机器语言,并且理解编译型语言对应的特点。
2	硬件与软件	了解计算机软件及其特点。 学生能够了解计算机软件与计算机硬件的不同,以及计算机软件具有的特点和计算机软件的分类。
3	计算机网络协议	(1) 简单了解 TCP/IP 协议的 4 层结构,初步认识每一层的大致作用。 学生能够简单了解 TCP/IP 协议的 4 层结构,也就是应用层、传输层、网络层、数据链路层,能够简单了解各个层对应的作用以及其含义。 (2) 了解 TCP 协议和 UDP 协议的区别和联系。 学生能够简单了解传输层的 UDP 协议和 TCP 协议,简单了解 UDP 协议和 TCP 协议之间的区别和联系。

模块二：算法

第四学段算法模块的学习内容如表 3-17 所示。

表 3-17　第四学段算法模块的学习内容

序号	知识点	建议学习目标
1	常见数据结构	（1）掌握链表(包括单向链表和双向链表)的基本结构,能实现对应数据结构的修改、使用。 学生能够掌握链表(包括单向链表和双向链表)的基本结构,掌握链表(包括单向链表和双向链表)的修改、使用等操作,掌握链表(包括单向链表和双向链表)各项操作的时间复杂度,掌握链表和数组(列表)之间的区别和联系,掌握在不同的问题中使用不同的数据结构。 （2）掌握树的定义及其相关概念以及不同的表示方法,掌握特殊树的定义、构造及其遍历,如哈夫曼树、二叉排序树。 学生能够掌握树的定义,以及相关概念(如根、深度、高度、节点的度、父亲节点、孩子节点、兄弟节点等),掌握树的不同表示方法(如父亲表示法、孩子表示法),掌握哈夫曼树的基本原理和使用场景,掌握二叉树的基本概念以及特殊性质,还有二叉树的定义、构造、遍历(如前序遍历、中序遍历、后序遍历、层次遍历等)。 （3）掌握图的定义及其相关概念以及不同的存储方法。 学生能够掌握图的定义,掌握图的一些概念(如顶点、边、有向图和无向图、顶点的度、自环、重边、子图、邻接、完全图、带权图、团等),掌握图的不同存储方法(如直接存边法、邻接矩阵、邻接表、前向星等)。
2	常用算法	掌握部分经典算法的原理,如贪心法、倍增法、分治法、构造法。 学生能够掌握部分经典算法的原理,对于贪心法,能够使用其解决一些经典的贪心问题(如两两贪心等),并且能够证明一些经典的贪心问题使用贪心算法解决的正确性;对于倍增法,掌握在不同结构上(如序列、树上)使用它;对于分治法,掌握其基本思想,并且能够解决一些分治法的经典问题,以及将分治思想和其他算法结合使用;对于构造法,掌握其使用方法。

模块三：编程需要的数学基础

第四学段编程需要的数学基础模块的学习内容如表 3-18 所示。

表 3-18　第四学段编程需要的数学基础模块的学习内容

序号	知识点	建议学习目标
1	组合数学	掌握排列组合的基本知识,掌握加法原理和乘法原理。 学生能够掌握排列组合的基本知识,掌握加法原理和乘法原理的使用方法,学会使用常见方法(如隔板法、捆绑法等)求解排列组合问题。

模块四:算法(选修)

第四学段算法(选修)模块的学习内容如表 3-19 所示。

表 3-19　第四学段算法(选修)模块的学习内容

序号	知识点	建议学习目标
1	常见数据结构	(1) 掌握线性数据结构,如双端栈、双端队列、优先队列、倍增表。 学生能够掌握线性数据结构,如双端栈、双端队列、优先队列、倍增表,并且能够将它们用于解决特定的问题。 (2) 掌握并查集的基本思想和使用方法,掌握并查集的两种优化方式。 学生能够掌握并查集的基本思想和使用方法,掌握并查集的两种优化方式(路径压缩和按秩合并),并且对于不同的问题能够恰当地解决。 (3) 掌握树形数据结构,如树状数组、线段树、字典树、二叉平衡树 AVL、treap、splay 等。 学生能够掌握不同的树形数据结构,对于树状数组,能够使用其解决基本的三类问题(单点修改和区间查询、区间修改和单点查询、区间修改和区间查询);对于线段树,能够使用其解决不同的区间问题(如普通区间问题,带标记线段树、动态线段树、二维区间在一维上的投影等)。 (4) 掌握特殊图的基本概念,如稀疏图、二分图、欧拉图、有向无环图、连通图与强连通图。 学生能够掌握特殊图的基本概念,如稀疏图、二分图、欧拉图、有向无环图、连通图与强连通图。 (5) 掌握数值、排列、字符串哈希的构造方式以及常见的解决冲突的方法,如开放寻址法、挂链法。 学生能够掌握数值、排列、字符串哈希的构造方式,以及常见的解决冲突的方法,如开放寻址法、挂链法。

续表

序号	知识点	建议学习目标
2	常用算法	(1) 掌握图的深度优先遍历算法和宽度优先遍历算法。 学生能够掌握图的深度优先遍历算法和宽度优先遍历算法。 (2) 理解动态规划的基本思想,掌握简单的序列型动态规划、背包型动态规划、区间型动态规划、二维动态规划。 学生能够掌握动态规划的基本思想,理解动态规划的最优子结构和无后效性等特点,掌握动态规划基本的概念(如阶段、状态、转移、动态转移方程等),掌握不同类型的动态规划问题的解决方法和状态设计以及转移方式,如序列型动态规划、背包型动态规划(包含 0-1 背包、完全背包、多重背包等)、区间型动态规划、二维动态规划。 (3) 掌握各类搜索算法,如记忆化搜索、启发式搜索、双向宽度优先搜索、迭代加深搜索,以及搜索的剪枝优化和压缩存储的技巧。 学生能够掌握各类搜索算法,对于记忆化搜索,掌握其写法以及技巧,掌握其和动态规划之间的区别和联系;对于启发式搜索,掌握估价函数的设计和实现方法以及对应的含义,掌握 A 算法、A*算法、IDA*算法等常见的启发式搜索算法;对于双向宽度优先搜索,掌握其基本设计方法和实现原理,理解双向宽度优先搜索算法和宽度优先搜索算法之间的区别和联系;对于迭代加深搜索,理解迭代加深搜索算法的基本原理和实现方法,掌握迭代加深搜索算法和深度优先搜索算法的区别和联系。学生能够掌握常见搜索的剪枝优化和压缩存储的技巧并能解决对应的问题。 (4) 掌握通过 Prim 算法和 Kruskal 算法求最小生成树。 学生能够掌握通过 Prim 算法和 Kruskal 算法求最小生成树,并且能够掌握 Prim 算法和 Kruskal 算法之间的区别和联系,掌握 Prim 算法和 Kruskal 算法对应的时间复杂度和空间复杂度,掌握 Prim 算法和 Kruskal 算法对应的不同使用场景。 (5) 掌握 Dijkstra、Bellman-Ford、SPFA、Floyd 等最短路径算法。 学生能够掌握 Dijkstra、Bellman-Ford、SPFA 等单源最短路径算法,掌握 Dijkstra、Bellman-Ford、SPFA 等不同单源最短路径算法的时间复杂度及其各自适用的场景,以及其各自的优化方式,掌握 Floyd 多源最短路径算法。 (6) 掌握有向无环图的拓扑排序算法。 学生能够掌握有向无环图的拓扑排序算法,并且能够将有向无环图的拓扑排序算法和动态规划算法相结合。 (7) 掌握二分图的构造及其判定算法。 学生能够掌握二分图的构造及其判定算法(如染色算法)。 (8) 掌握最近公共祖先的在线和离线算法。 学生能够掌握最近公共祖先的基本概念和含义,掌握使用不同的算法来解决最近公共祖先问题,如树上倍增法、Tarjan 算法、深度优先序列法。 (9) 掌握强连通分量的算法以及如何求对应割点和割边。 学生能够掌握强连通分量的算法(如 Tarjan 算法),以及对应割点和割边的基本概念,能够使用强连通分量的算法来完成割点和割边的求解,能够使用强连通分量的算法来完成缩点,并且结合有向无环图的拓扑排序算法和动态规划算法。 (10) 掌握进阶动态规划算法,如树形动态规划、状态压缩动态规划。 学生能够掌握进阶动态规划算法,来解决更加复杂的动态规划问题,如普通树形动态规划、树形背包动态规划、状态压缩动态规划等

模块五：编程需要的数学基础（选修）

第四学段编程需要的数学基础（选修）模块的学习内容如表 3-20 所示。

表 3-20　第四学段编程需要的数学基础（选修）模块的学习内容

序号	知识点	建议学习目标
1	初等数论	（1）掌握欧拉定理、欧拉函数、费马小定理、威尔逊定理和逆元的概念。 学生能够掌握欧拉定理的基本思想和证明方法，能够使用欧拉定理解决问题，掌握欧拉函数以及对应的性质、通项公式、递推公式，并且能够进行证明，掌握欧拉定理的特殊形式费马小定理，掌握威尔逊定理的基本思想和证明方法，掌握逆元等概念，并且能够求解单个数的逆元以及掌握线性求逆元的算法。 （2）掌握扩展欧几里得算法。 学生能够掌握扩展欧几里得算法，并且能够使用扩展欧几里得算法求解二元一次不定方程、逆元、同余方程。 （3）掌握孙子剩余定理。 学生能够掌握孙子剩余定理，并且能够使用孙子剩余定理求解同余方程组。 （4）掌握通过埃氏筛法、线性筛法求解质数。 学生能够掌握通过埃氏筛法和线性筛法求解质数，并且能够理解埃氏筛法和线性筛法的区别和联系。
2	组合数学	（1）掌握排列组合的基本知识，掌握加法原理和乘法原理。 学生能够掌握排列组合的基本知识，掌握加法原理和乘法原理的使用方法，学会使用常见方法（如隔板法、捆绑法等）求解排列组合问题。 （2）掌握可重集的排列和组合。 学生能够掌握可重集的排列和组合。 （3）掌握二项式定理。 学生能够掌握二项式定理，以及能够进行证明。 （4）掌握卡特兰数。 学生能够掌握卡特兰数的递推公式和通项公式，掌握卡特兰数的常见问题（如出栈序列个数、括号匹配个数等）。

续 表

序 号	知识点	建议学习目标
3	线性代数	(1)掌握矩阵的概念以及一些特殊矩阵的概念,如稀疏矩阵、三角矩阵、对称矩阵、单位矩阵。 学生能够掌握矩阵的基本概念,以及一些特殊矩阵的概念(如稀疏矩阵、三角矩阵、对称矩阵、单位矩阵等)。 (2)掌握矩阵的初等变换和加、减、乘、转置运算。 学生能够掌握矩阵的初等变换,理解初等变换的基本原理,掌握矩阵的基本运算(如加法、减法、乘法、转置等)。 (3)掌握线性方程组的高斯消元法。 学生能够掌握线性方程组的高斯消元法,理解通过使用矩阵的初等变换将矩阵转换为三角矩阵来进行线性方程组的求解,以及能够判断对应线性方程组解的不同情况。 (4)掌握矩阵结合律以及矩阵快速幂的运算。 学生能够掌握矩阵乘法的基本性质(如不满足矩阵交换律,满足矩阵结合律),并且能够利用矩阵结合律对矩阵乘法进行矩阵快速幂的运算。

第四部分 课程活动

一、课程开发

课程开发是指通过对社会和学习者需求的分析,确定课程目标,再根据这一目标选择某个学科的教学内容和相关教学活动并进行计划、组织、实施、评价、修订,最终达到课程目标的整个过程,包含课程目标、课程内容、课程实施、课程评价四个环节。课程设计指的是针对课程目标、课程内容的设计,是课程开发的前期工作。

(一) 课程开发的主要考虑因素

编程课程的内容需要满足反映一定的社会经济、政治的要求,并且受一定社会生产力和科学文化发展水平以及学生的身心发展规律的制约。总体而言,课程开发需要考虑社会、学科以及学生(儿童)三个因素。

1. 社会因素(社会发展)

伴随着社会的发展,学校课程呈现更多的门类,反过来也要求这些课程在课程内容上的设计要符合社会对人才的要求,因此社会发展对学生素质发展的一般要求,是课程内容选择的客观依据。编程课程作为这些课程中的代表,它的课程内容也需要根据社会发展的需求而进行选择、调整和完善。

在开发编程课程的过程中,根据不同的学习阶段,选择不同的编程语言进行教学是一个不可避免的问题。除了在小学阶段采用图形化编程作为编程语言是人们比较统一的意见之外,中学阶段对 C 语言、Python、Java、C＋＋等语言如何抉择尚存在一定的争议。在选择何种编程语言去设计课程内容时,既要考虑选择的编程语言是否具备代表性,也要考虑目前的社会生产生活中这类编程语言是否被广泛应用和深入开发;在后续根据编程语言进行教学设计时,也需要依据与编程相关的热门领域的现状和发展趋势,选择合适的主题、项目作为课程内容的执行方案。

除此之外,当编程课程由地方、学校在国家课程标准的基础上自行开发时,需要考虑的社会因素同样会发生一定的变化,对应地也会对课程开发提出新的要求。

当课程类型为地方课程时,可根据地方经济、政治和文化发展水平进行课程内容的设计。编程课程需要学校拥有稳定的计算机教室和相关设施,鼓励学生家庭能够配备相关电子设备和网络条件,地方课程在开发时可以考虑这些硬件设施上的地方差异、学生的编程基础差异、地方社会的发展需要,适当地调整编程课程中理论与实践部分的比重、整体的课程难度等,以实现课程效果的最大化。

当课程类型为校本课程时,可根据学校的办学宗旨与特色进行课程内容的设计。例如,可以优化传统的知识讲解顺序,在保证整体知识容量相对稳定的前提下,结合本校的传统和资源,巧妙地融入学校办学宗旨和特色,较多地设计主题或专题形式的编程课程。

2. 学科因素(科学文化知识)

科学技术、学科知识的进步将直接影响课程的内容、结构。举一个简单的例子,就如目前生物课程的内容很大程度上取决于显微镜(工具)的发展、分子生物学技术(技术)的进步一样,编程课程的内容同样与计算机(工具)、人工智能(技术)息息相关。

对于编程课程而言,我们需要关注的主要内容包括以下三点。

(1) 计算机的发展

计算机是编程学习的载体,也是任何编程应用技术的基础。编程课程的内容包括计算机的操作方法、运行原理、发展历史等,并与原有的信息技术课程有机地互补,完整地向学生展示计算机文化,使学生能够正确认识计算机的用法和用途。

(2) 编程语言的发展

编程语言是编程学习的主要对象。编程语言的发展同样经历了很多个阶段:从第一代的机器语言、第二代的汇编语言到如今第三代的高级语言(其又分为面向过程的语言与面向对象的语言)。了解编程语言的发展历史有助于学生对编程课程有一个完整的认识,并可通过总结既往的发展历史,去分析和适应未来的发展趋势。

(3) 人工智能的发展

人工智能如今正在高速发展,成为全球范围内许多重要技术的基础,并且几乎毫无疑问地将影响接下来几个十年的社会发展进程。在人工智能行业逐渐成为编程技术人才的就业方向的大趋势下,编程课程的开发需要时刻紧盯人工智能发展的方向和程度,适时、适当地对课程内容做出一定的调整,使得编程课程所教授的内容能够更好地服务于学生的未来发展。

3. 学生因素(受教育者身心发展的规律)

学生(儿童)的发展需要会制约课程开发的方向,因此学生的身心发展程度和认知水平也是设计课程内容时的重要考虑因素。

编程课程是一门综合学科,其中所应用的数学、英语、生活常识等内容在设计时要考虑学生的认知水平,可以参考像数学这种成熟的课程标准合理地进行课程知识之间的融合教学,尽量不破坏学生在其他课程上已建立起的知识体系。

编程课程的内容中应充满了例子,这些例子有助于提升课程实施的效果。这些例子需要根据不同阶段学生的生活实际进行选择，及时关注社会上的新发展并进行更新（与编程相关的应用案例可能会随着社会的发展而快速更新）。

此外，在课程的深度、广度与编排形式等设计中，要方便后续的课程实施，易于学生接受、理解。

（二）课程内容的组织原则

课程内容的组织是课程开发的重要环节。编程课程内容的组织需要符合青少年各阶段的认知特点，注重各学段体系的完整性，明确各学年的学习目标和能力目标，以恰当的顺序进行《设计》的教学内容中各个模块的学习。

在课程内容的组织原则上，美国知名的认知派心理学家戴维·保罗·奥苏贝尔提出了"渐进分化、融会贯通"的原则。下面将就这两条原则分别进行说明。

1. 渐进分化

"渐进分化"是指先呈现课程中最一般和包容范围最广的那些观念，然后将这些观念依照细节与具体项目越来越分化，这种从一般到个别的展开方式会使得知识容易被学生所接受。

在"计算机导论"部分的开头，学生经历了"认识计算机→认识计算机硬件组成→认识各部分硬件的功能或使用方法"的过程，最终对计算机的结构有了一定的了解，这便是一种从一般到个别的展开方式，类似的例子在各类课程的设计中都普遍存在。

2. 融会贯通

"融会贯通"是指当部分学习的新内容与旧内容之间相似、相关或本质上一致的时候，就需要对这些内容加以明确，引导学生去探讨这些知识之间相似、相关在哪里,又存在哪些不同,借以实现新旧知识间的融会贯通。

在编程课程的内容设计中,常会出现新内容作为旧内容的高阶替代的情况,即利用新内容编写的程序更简便、更完美,可胜过利用旧内容所编写程序的功能。在这种情况下就要特别注意新旧内容间的联系,引导学生认识两种内容之间的区别,明白新内容比旧内容优秀在哪里,防止因为两者的功能类似导致学生在学习的过程中混乱。

(三) 课程内容的组织形式

课程内容要采取何种组织形式进行编写,直接影响到课程内容结构的性质和形式,其中涉及经典的直线式与螺旋式、纵向组织与横向组织、逻辑顺序与心理顺序的结合或取舍问题。《设计》就编程课程的这些问题提供一些建议,相关人员在课程开发过程中可根据实际情况酌情参考。

1. 直线式与螺旋式

编程课程内容的组织形式多为直线式,即按照知识本身的内在逻辑顺序去组织课程内容,这也符合编程锻炼逻辑思维的课程目标。例如,在课程内容的"算法"部分,随着学习的推进,比起多次地对原算法进行优化和改写,我们更倾向于直接学习更高级的算法来解决更复杂的问题。

需要注意的是,由于编程课程的项目制原因,很多旧内容会在课堂上被反复应用,但一般情况下仅对这些旧内容做一定的复习或提示,不做过多的展开。

2. 纵向组织与横向组织

编程是一门综合课程,我们强调编程课程与其他课程内容之间的横向联系,这种联系有助于学生在遇见某个具体的问题时,能够联系到自己在各个课程中的所学知识并综合运用,实现"从知识到经验"的目的。

与课程性质相对应,编程课程的内容设计建议采取项目制的方式,以项目的方案为主线,引导学生综合运用所学的知识去实现项目的产出。项目制设计注重理论与实践的相结合,要求学生经历包括信息收集、方案设计、项目实施和项目评价的过程,在完成项目的同时实现经验的积累。

下面以教学对象为第二学段学生,课程内容为使用图形化编程绘制所学的多种图形为例,给出项目制教学的一个执行方案。

(1) 信息的收集与准备

分析项目效果,收集可能需要的信息,包含但不限于添加绘制所需的画笔类积木、所学图形的种类、所学图形的一些参数(如特征、角度、边的关系)。

(2) 方案的设计

a. 学习画笔类积木,使用画笔类积木画出一条线段或多条线段。

b. 完成基础图形(三角形、正方形、长方形、圆)的绘制。

c. 观察代码的特点,总结程序逻辑,得到绘制任意正多边形的代码。

d. 拓展其他常见图形(例如五角星)的绘制。

(3) 项目实施

按上述方案顺序执行,教师关注并记录每个学生在每个步骤中的表现。

(4) 项目评价

从学生在信息收集到项目实施的整个过程中的表现和最终项目的完成度两方面进行评价。

3. 逻辑顺序与心理顺序

编程课程在内容组织中不仅要考虑学科知识的逻辑体系,也要考虑学生的学习心理特点与心理发展特点,因此强调更多的是逻辑顺序与心理顺序的有机结合。

（四）课程内容的文本表现形式

课程计划、课程标准、教材（教科书）是课程内容的文本表现方式，是课程设计的三个层次，是我国中小学课程的主要组成部分。接下来将主要对其中的教材（教科书）提供编写建议。

教材为学生的编程学习活动提供了学习主题、基本线索等内容，是实现编程课程目标的重要资源，也是课程资源的核心内容，承载了课程的知识结构和学习方向。教材作为课程的载体，是教师开展编程教学活动的依据，是学生进行学习活动的主要参考。

教材的编写应以《设计》的内容为主要依据，以不同地区的差异性为次要参考，综合编写出符合当地教学要求的个性化教材。编程是一门多学科知识融合的课程，教材内容需要体现将这些知识融合应用的特点，同时教材内容需要根据学段划分，呈现编程学习的不同阶段，包含基础知识的获取以及编程实践的开展，构建完整的编程知识体系。教材中的案例要能够切实反映编程对当下社会的影响，要贴近学生的实际生活经验，符合大部分学生的认知习惯。教材在设计上要充分调动教师的主动性和积极性，支持教师进行创造性教学。《设计》对教材编写的具体建议包括以下五点。

1. 内容的组织

教材应依据《设计》的教学内容建议进行编写，同时符合青少年各阶段的认知特点，注重各学段体系的完整性，明确各学年的学习目标和能力目标，以恰当的顺序进行每个模块的学习。

总体来说，教材的编写应体现基础性、科学性、系统性和启发性。

（1）基础性

教材的编写要强调内容的基础性，这是教科书不同于其他任何书籍的基本特点。编程教材要注重帮助学生打好基础，使学生养成良好的学习习惯并具备一定的自主学习能力,为今后的就业与终身学习创造条件。

(2) 科学性

科学性是教材编写的首要要求,科学性体现在教材对确定知识的正确表达,而非含糊不清的描述。编程知识本身具有很强的逻辑性,因此教材内容要能够体现本课程的特征。同时,教材作为学生学习编程的主要参考,要考虑我国社会发展现实水平和教育现状,必须要保证教材符合学生的认知规律,具备对大多数学生和学校的适用性。

- 理念和目标要保持正确性。教材的编写应以《设计》为依据,树立正确的教学理念,制订恰当的学习目标。教师在实际教学时也要充分考虑学生的学习能力和接受能力,制订多层次、分阶段的学习目标。

- 课程内容设置要体现学科特点。编程涉及生活中的方方面面,因此,在课程内容设置中要广泛从学生的生活情境中提取素材,通过图片、视频、声音、文字等多角度、多维度的内容设计,让学生体会到编程与自身生活的联系,激发学生学习编程的兴趣。

- 内容标准要明确。《设计》对于各个学段的编程教学内容有明确、具体的目标要求,教材的编写应遵循学生的认知规律,准确地把握过程目标和结果目标要求的程度。在教材的编写过程中要明确知识内容的不同层级,比如,哪些知识需要"掌握",哪些知识需要"了解",哪些知识"认识"即可。教材要给予学生醒目的引导,可以通过版式设计等让学生能够意识到相关知识的区分,知道核心知识需要花费更多精力学习,相关补充知识作为拓展进行必要了解即可。

- 教材内容要经实践反馈进行优化。优秀的教材设计必须经过一线教学实践后,收集大量的反馈数据,再根据这些反馈数据不断做出相应的调整与优化,并重复进行上述的实践反馈与优化的过程,使得教材内容更加满足学生的学习需求。实践的反馈必须由一线师生来完成,因此需要教师与学生一起做好相关问题的记录,并提出自己的意见,最终促进教材的不断更新与完善。

(3) 系统性

优质的教材需要具备一个完整的知识体系。教材在内容的呈现上必须有的放矢,在突出核心内容的同时补充相关的知识版块,做到两者的有机结合和互相呼应,形成完整、生动、有趣的系统性整体,实现教材的系统性。

- 课程核心内容要重点突出。编程课程涉及的范围非常广,所以针对中小学阶段学生的学习特点,教材在设计中一定要突出课程的核心内容,让学生能明确了解每一阶段、每一节课的学习重点,方便学生自身有针对性地深入学习与思考。因此,教材的编写与排版要紧密地围绕核心内容进行,确保知识的明晰性和层次性,提高学生学习和掌握重点知识的效率。

- 课程知识排布要体现螺旋上升原则。编程对于大部分学生来说是一个相对比较新颖的学科,因此学生对于编程中的一些基本方法、基本思想、基本逻辑和基本结构等知识了解较少,需要通过在较长的时间中反复学习来掌握。"螺旋上升"除了要求教材内容有最基本的循序渐进的知识设计外,同时也要求适时、适量地对已学知识进行复习或重复应用。从教师对于知识的介绍与教授,到学生对知识的复习巩固和加深理解,从整体上形成一个"螺旋上升"的过程,这样的设计更加符合学生学习新知识的动态过程,即在学习的过程中在知识的深度与广度方面都要有逐步的、实质性的提升,直至最终完全掌握知识。

- 课程拓展内容要与核心内容联系紧密。相关补充知识与应用案例并不是知识课程的"边角料",而是完善课程内容体系的重要部分。这部分知识除了要求生动有趣、切合实际之外,还要与核心内容有紧密的联系,辅助学生在学习过程中对核心内容有更深入和全面的了解,有利于学生对于核心内容的掌握和巩固。

这种知识之间的紧密联系必须要有内在的逻辑支撑，使学生在经过学习、思考、分析、操作等活动之后，能够对不同知识之间的联系有一定的理解，具备由知识"演算"出相关知识的能力，以便教师进一步指导学生提高举一反三的思维拓展能力。

- 课程习题设计要与知识点对应协调。一方面，习题能够帮助学生复习和巩固重点，对已学的知识有更全面的了解；另一方面，习题的设计可以具备一定的引导性，以供学生进行深入思考，但相关知识的深度不可以超纲，否则容易打压学生学习的积极性。
- 计算机文化要贯穿教材始终。计算机文化作为教材的组成部分，应渗透在整本教材中。为此，教材可以适时地介绍有关背景知识，包括编程在社会中的应用以及计算机、信息技术的发展史，帮助学生了解在人类文明发展中计算机、信息技术和编程的作用，通过案例展现编程的优美，激发学生学习编程的兴趣。

（4）启发性

教材编写并不是单纯的知识介绍，学生借助教材进行学习也不是单纯地模仿、练习和记忆，而是通过学习能够具备一定自主思考和知识延伸能力，因此教材除了选用恰当的学习素材介绍知识的背景以外，也可以设计必要的教学活动。学生参与教学活动的过程不仅是被动接受知识，而是需要通过教师的指导、讲解、分析和操作，引发学生向更深层面进行探索与学习，同时激发学生的创新思维与创造能力。

2. 内容的发掘

编程课程内容的发掘应兼顾技术性、生活性与可学性。

（1）技术性

编程与计算机、网络、软件、人工智能等一系列科技领域密切相关，同时编程也广泛应用于社会生活生产中的各类场景。在编写教材时，可以多发掘生动的编程应用案例和相关领域的最新成果，展现更多与编程相关的丰富细节和生动实例，帮助学生了解编程的价值，激发学生的学习兴趣与学习动机。

(2) 生活性

课程内容的选取应充分结合现实生活,便于学生理解。对于低学段学生来说,他们对于生活的感知面相对较窄,因此要从他们身边熟悉的、有趣的事物中选取学习素材,这样容易激发他们学习编程的兴趣,使他们感受到编程就在自己的身边,也易于他们理解相关的编程知识,体会编程的作用;对于高学段学生来说,他们的活动空间有了较大的扩展,他们感兴趣的问题已拓展到客观世界的许多方面,他们逐渐关注来源于自然、社会中更为广泛的现象和问题,对具有一定挑战性的内容表现出更大的兴趣,因此,教材所选择的素材应尽量来源于自然、社会中的现象和问题,如与现实生活有关的图片和图形等素材,以使学生感受到编程的价值和趣味。

(3) 可学性

课程内容的选取应当充分考虑学生的认知水平。编程课程不可能脱离其他学科的课程而单独存在,例如,函数的学习需要数学的支持,代码的理解需要语文或者英语的支持,程序的设计需要美术、音乐等学科的支持。因此,对于编程课程内容中交叉学科的内容应予以关注与重视,必备的学科知识应进行必要的引用阐释,有所支持的学科知识应视实际情况尽可能多地引用拓展。

3. 内容的价值

(1) 把握编程教育的本质

编程是逻辑性非常强的一门学科,所以要以编程为载体培养学生解决问题的能力,提高学生的综合素质。学生经历提出问题、分析问题、设计算法、编写代码、调试与修改等环节体验解决问题的完整流程,能够让他们对知识获取与知识应用之间的联系有更深的理解。通过这样对于逻辑思维的全面学习过程,让学生能够真正地建立起一套逻辑分析与解决问题的思考习惯,构建学生思维的底层逻辑结构。

(2) 增强寓教于乐的学习体验

《设计》强调从学生的生活经验出发进行教学,有利于降低学习难度和增加学习乐趣。一是指相关编程知识的学习可以结合生活实例进行引入与理解,二是指在相关编程应用的体验活动中应选取学生熟悉的软件、程序等,有利于学生结合自身经验进行学习。"兴趣是最好的老师",但是学生的兴趣往往来自他们的生活中,因此在教材的编写过程中,要特别注意对于素材以及案例的选取,既不能过于天马行空,又不可了无生趣,要在学生生活现实的基础上,选择活泼生动的素材,这样才能吸引学生深入学习编程知识。

(3) 重视循序渐进的教学方式

任何一门知识的学习都要经历由浅入深、由量变到质变的过程,编程教育也不例外,所以教材内容的设计要符合各学段学生的认知规律,遵循由易到难、由简单到复杂、先理解再实践等原则,循序渐进地帮助学生构建完整的知识体系。各个学段的教材设计可以采取不同的编程语言,例如:小学阶段采取图形化编程作为学习工具,以认识计算机、初步体验编程和锻炼逻辑思维为目标;初中阶段学习 Python 语言,以认识计算机原理、提高代码编写能力为目标;高中阶段学习 C++ 语言,以能够编写复杂算法解决实际问题、自主设计程序为目标。学生要在老师的循循善诱之下,由浅入深地学习,才能不断进步、不断探索、不断创造。

4. 内容的呈现

教材的内容应图文并茂,便于学生理解和进行自主学习。其中,文字叙述应符合各学段学生的阅读习惯,如小学阶段的教材文字叙述应精简、易读,图片应尽量直观、真实、形象与有趣,易于学生结合图文信息理解教材内容。

5. 内容的弹性

我国编程教育的起步较晚,各地的师资水平、学生基础、机房设施、网络建设、评价制度等方面存在着比较大的差异,导致课程开设情况也参差不齐。因此在具体进行教材设计时,教材内容达到基本要求后可以根据当地的实际情况体现一定的弹性,以满足学生的不同需求,使不同的人在编程课程中都能得到充分的发展,也便于教师发挥自己教学上的创造性,能够更好地完成教学目标。例如:

- 就同一问题情境提出不同层次的问题或开放性问题。
- 提供一定的阅读材料,包括史料、背景材料、知识应用等,供学生选择阅读。
- 习题的选择和编排突出层次性,设置巩固性问题、拓展性问题、探索性问题等;凡是不要求全体学生掌握的习题,都需要明确标出。
- 在设计综合活动时,一是要求所选择的课题要使所有的学生都能参与,二是希望不同的学生可以通过解决问题的活动,获得不同的体验。
- 编入一些拓展知识或技巧方法等选学内容。增加的内容应注重于介绍重要的编程概念、编程思想方法,而不应该片面地追求内容的深度、问题的难度、解题的技巧。
- 设计一些课题和提供一些阅读材料,引导学生进行探索性学习活动。

(五)课程资源

课程资源是形成课程的要素来源,是课程交涉的基础,包括教材以及学生家庭、学校和社会生活中一切有助于学生发展的各种资源。教材作为课程资源的核心和主要组成部分,《设计》已经对其有过详细的介绍,接下来着重介绍一下其他课程资源。

1. 课程资源的分类

根据分类标准的不同,课程资源可以有很多种分类方法,下面主要介绍两种。

(1) 根据来源，课程资源可分为校内课程资源与校外课程资源

校内课程资源是学校范围内的课程资源。对编程而言，最主要的校内课程资源有多媒体教室、计算机教室（微机室）、编程创客教室（综合实践中心）等，其中前两者是必不可少的。

校外课程资源是学校范围外的课程资源，包括学生家庭、社区乃至社会上可用的设施、条件和其他资源。编程课程是一门与社会生产生活息息相关的课程，合理利用社会资源，将其作为课程教学的补充，有助于整体编程课程的推进。

(2) 根据载体，课程资源可分为文字性课程资源与非文字性课程资源

文字性课程资源以文字为载体，包括教科书、讲义、其他图书、报纸等，由于编程课程的教学十分灵活，可能存在教师自行设计的教学项目，这时候讲义作为文字性课程资源能够很好地实现对教科书的补充。

非文字性课程资源包括实物、图片、音频、视频与活动等。这一类资源在编程课程中应用得广泛且深入，因为计算机作为编程课程开展的基础，本身也支持这些资源的展示，同时这些资源的利用也有助于提高课程实施的成效。

2. 开发和利用课程资源的途径和方法

(1) 进行社会调查

在编程课程的内容设计中，应有一部分内容是到指定的社会场所进行参观和学习，这就要求必须通过社会调查去预测社会的发展动向，从而保证这种参观和学习活动能够让学生真切地参与社会生活，了解社会生活所需的知识、技能和素质。

(2) 开发设施条件

一部分中小学的计算机教室因为较少使用的缘故，较少进行维护，导致学生在编程实践的过程中容易遇到各种各样的问题。对于重要的

计算机教室与其他的校内课程资源,在课程实施之前需要进行再次的开发和利用,以保证课程资源是稳定可用的。

(3) 研究学生情况

学生情况是重要的课程资源,是制订教学计划的重要标准。我国不同地区的学生在计算机操作水平、对编程的认知水平上存在较大差异,因此需要在课程实施前就明确两个问题,一是他们已经具备了哪些知识、技能和素质,二是他们还需要学习哪些内容。

二、课程实施

课程实施是指把课程计划付诸实践的过程,它是达到预期课程目标的基本途径。课程实施的主体主要是教师和学生,教师是直接的课程实施者,是决定课程实施成败的最关键因素;学生是课程实施的参与者,他们在课程实施的过程中表现出的态度会影响课程实施的效果。

基础教育课程改革的一个重要具体目标是:"改变课程实施过于强调接受学习、死记硬背、机械训练的现状,倡导学生主动参与、乐于探究、勤于动手,培养学生收集和处理信息的能力、获取新知识的能力、分析和解决问题的能力,以及交流与合作的能力。"课程实施中的教学设计应以此为目标,在教学过程的每个阶段,针对不同的教学目标和教学内容,选择不同的教学媒体,使用不同的教学方法。

教学过程主要包括课堂导入、新课讲授、巩固练习、课堂总结、作业布置五个部分。

(一) 课堂导入

课堂导入是教师在开始新的教学内容或教学活动时,引导学生进入学习状态的行为。根据课堂教学内容的不同,课堂导入要做到有针对性、启发性、趣味性和艺术性,要恰当地把握导入的度。例如,当编程课程的教学内容为项目制时,如果通过课堂导入能将本节课所制作项目的主题、背景等内容阐释清楚,会对整个教学效果的提升有很大的帮助。

课堂导入的方法非常多,《设计》主要针对几种编程课程常用的导入方法进行介绍。

1. 直接导入

直接导入是直接阐明本节课的学习内容、目标和要求的导入方法,也是最简单和最常用的一种导入方法。

- 适用于新章节的第一节课,或当本节课的学习内容与前几节课的学习内容无逻辑上的先后顺序时。
- 适用于是既定事实,又条线清晰的内容,如"编程与社会"部分的大多数内容。

2. 复习导入

复习导入是教师通过引导学生复习原有知识中与新知识相联系的有关内容,建立新旧知识之间联系的导入方法。复习导入可以借助提问、小测验等多种形式进行。

- 适用于有明确的内在逻辑顺序的知识之间,旧知识作为学习新知识的基础。例如,前一节课先学会阅读流程图,则本节课在根据实际问题动手绘制流程图前进行适当的复习。
- 适用于需要多节课才能完成的项目制内容。复习前一节课的阶段性成果,有助于学生明确本节课或接下来几节课的学习目标。

3. 经验导入

经验导入是指教师以学生已有的生活经验、已知素材为出发点,搭配合适的讲解或提问方法,引导学生联系生活经验进行思考,自然地导入新课的方法。

- 适用于抽象知识或教学难点内容的课堂教学。通过联系生活经验、已知素材能够使得抽象的知识变得具象化,有利于降低新课讲授时的教学难度；教学难点内容同理。

- 适用于制作与生活场景相关的项目的课堂教学。例如，涉及制作地图册、家用电器程序等项目时，通过与生活经验的直接联系，使学生更容易理解本节课的学习目标。

4. 直观导入

直观导入是指教师先引导学生观看实物、媒体文件等内容，引起学生的兴趣，并在学生观察的同时提出问题，创设问题情境的导入方法。

- 适用于"计算机导论"部分的课堂教学。例如，在介绍计算机的组成与用法时，可以通过实物、图片或视频的展示和问题的提问，直接过渡到新课讲授的环节。
- 适用于项目制内容的课堂教学。如果本节课完成一个完整的程序，那么可以在一开始就运行这个完整的程序并进行展示，能够更直观地让学生明确本节课的学习目标。

5. 设疑导入（悬念导入）

设疑导入即通过提出富有启发性的问题，激活学生的思维，引出新的教学内容的导入方法。

- 适用于一部分项目制课程。完整地制作一个程序的第一步是根据要解决的问题提出对应的需求，在明确这个需求的基础上，设疑导入能使学生一开始就明确本节课要解决哪些问题，再引申到要学习哪些知识。

6. 故事导入

故事导入是指教师通过讲述生动形象的故事或事例来感染学生，从而顺利、生动地导入新课的方法。

- 适用于小学阶段特别是第一阶段的课堂教学。编程课程的课堂教学往往需要一个主题，再围绕这个主题编写程序实现对应的功能。在小学阶段编写的程序不应过于追求实用性,而应更注重创意和知识的应用,这时教学的主题作为一个故事或一个事例更能激发学生的学习兴趣,有助于实现既定的教学目标。

7. 游戏导入

游戏导入是通过精心设计的一些知识性、趣味性强的游戏,使学生在游戏中进入学习情境的导入方法。

- 编程课程在使用游戏导入这种方法上有着天然的优势,因为利用编程知识即可制作出一些小游戏,而制作游戏时所使用的编程知识也可以作为教学内容。但游戏导入需要考虑以下几个方面:学生当前的心理特征会喜欢哪一类型的游戏,游戏导入这种导入方法的使用频率,以学生的知识水平能否从游戏中获得编程知识的启发等。

(二) 新课讲授

新课讲授是课堂教学的中心环节,是提高教学质量的关键。《设计》建议将编程的新课讲授依据教学目标、教学方法的不同,主要分为传统的课堂教学、借助计算机教室的上机编程以及特殊的编程活动课。学生通过课堂教学完成基础知识的学习;通过上机编程熟悉计算机的使用,并经历用编程解决实际问题的过程;通过编程活动课检验学习成果,体验编程与人工智能的应用,并在分享、交流与竞争中不断提升自我。

1. 传统的课堂教学——理论知识的学习

课堂教学是学生获取编程基础知识的重要平台,如学校计算机教室的设施不够完善,课堂教学也将在一定程度上承担部分编程活动,因此课堂教学需要根据实际情况设置教学内容,并与上机编程一同完成总体的编程教学目标。

有效教学理论认为

　　教学的有效性＝教学内容总量×学生接受内容的百分数

可见教学的有效性主要取决于两个方面：由教育者决定的教学内容总量和教学对象对知识的接受程度。其中，一方面，教学内容总量是教师依据课程标准进行规范设计的，其质量一般不会有非常大的波动；另一方面，教育对象（即学生）对于课堂学习的积极性、主动性、专注性相对地成了影响有效性教学的最重要因素。因此，想要提高教学的有效性，教师需要通过更有趣、更生动的教学内容呈现，更具引导性的教学方法设计来吸引学生的注意力，以提高学生学习的积极性。为了更好地协助教师达到有效性教学的目标，《设计》提出以下几点建议。

　　（1）注重编程知识和其他学科知识融合的教学方式

　　编程课程的优势之一是能够结合不同教育阶段的各学科知识进行教学，能够使学生在基础教育阶段的知识体系更加完善。在课堂教学中涉及的其他学科知识，以数学学科为例：其中一部分是对已学知识的巩固，例如，第一学段可以结合相关程序复习"比大小""四则运算"等知识；另一部分则是对新知识的学习，例如，第一学段中的"负号""坐标"等内容。《设计》对于在编程课程中进行此类知识的教学有以下三点建议。

　　① 以学生能够理解为目标。编程课程对相关知识的要求是能够结合编程进行应用即可，而不需要达到对应学科水平的完全掌握，因此要避免进行大篇幅的概念教学而落入传统的教学模式。

　　② 结合实际生活案例进行学习。部分知识可以通过小程序的形式进行学习，也可以通过体验编程的方式进行学习（例如，"坐标"可以依赖图形化编程软件中的坐标信息进行学习），因此在具体设计时要多下功夫，充分发挥编程课程的优势。

　　③ 使学生能初步在编程过程中应用相关知识，并在反复应用的过程中逐步理解和掌握知识。

　　总的来说，如何将相关知识概念的教学与编程的体验相结合，既是课堂教学的重点，也是课堂教学的难点，需要教师在教学设计上多进行钻研，找到最符合学生情况的教学方法。

（2）提倡新的学习方式

编程课程的核心教学目标是培养学生的计算思维，使学生能运用编程解决实际问题，因此相比于死记硬背、机械训练的传统学习方式，更提倡自主学习、自由发挥、自我探究等新的学习方式。教师可以邀请学生参与学习目标的规划，制订分阶段、多层次的学习任务时，保证每个学生都能在选择合适的学习任务后，有一定自主学习的空间。探究性学习可以促进学生之间的分享、交流与合作，在分享中认识别人的优秀作品，在交流中了解别人的想法与思路，在合作中与他人携手解决发现的问题。自主学习和合作探究是学生在青少年阶段学习与生活的重要能力，同时也能激发学生的学习兴趣。

（3）营造民主和谐的课堂氛围

编程课堂一定要是一个允许学生提出想法、表达观点、分享作品的课堂，因此教师也需要改变自身的教学方式，提倡在课堂上和学生进行交流与互动。在青少年阶段的编程教学中，教师应尊重并鼓励每位学生的编程想法和作品，营造民主和谐的课堂氛围，促进学生之间的分享交流与合作学习。在课堂教学阶段，教师要鼓励学生主动对学习任务进行完善与拓展，允许学生提出与教科书不同的观点与方法，对于有上述行为的学生，教师应予以合适的引导与赞赏，以带动全体学生的积极性。

（4）研究教学内容和教学方法

编程的教学内容需要根据实际教学对象的认知情况而制订，既要考虑不同地区的差异性，也要考虑学生的个体差异性，因此可以通过合适的方式对学生的认知水平进行考察，作为拟定教学计划的根据。教师也可以依据当地特色，在知识点相对稳定的前提下，制作与实际生活更加相关的示范程序与教学内容。针对不同的教学内容，应采取有针对性的教学策略和教学方法，好的教学方法能使学生联系实际进行思考，也有助于学生理解知识点之间的联系。教师可在已有教学案例的基础上进行符合自己教学风格的修改，并在实际教学过程中根据学生、家长、同校教师的反馈进一步进行调整,最终形成一套有自身风格,又能满足教学质量需求的教学方法。

课堂教学是最能体现教师个人风采的环节,所以教师既要制定符合规范且形象生动的教学内容,也要研究符合自身情况的教学方法。教学内容与教学方法有效结合,将使课堂更有活力,也将促进学生自主学习能力的提升,实现超出基础知识范畴的教育效果,更有利于学生的全面发展。《设计》建议教师在把控好教学内容的同时,注重课堂上的灵活表达,使整体的课堂教学更有效率且不失教学个性。

2. 上机编程——锻炼学生的编程能力

上机编程是学生使用计算机,通过编程语言解决问题的实践环节,其教学内容包含计算机文化的学习、编写代码能力的锻炼、编程应用的实际体验等。教师作为学生在青少年阶段编程学习的组织者和引领者,有责任引导学生正确认识计算机的用途,并做好应对课堂中出现的各种问题的准备,以满足学生的不同需求。整体而言,上机编程主要包含提出问题、思考和分析问题、构思和制订方案、编写程序、不断调试和优化代码等环节,教学过程以创造学生自主分析、动手实践的空间为主要目标,在学生遇到瓶颈时进行适当引导,确保每位学生都能在上机编程中有完整的体验。

(1) 认识计算机

计算机不仅是编程学习的重要工具,也是日常生活中用途最广泛、使用最频繁的工具之一,因此学习如何正确使用计算机是必要的。在上机编程的过程中,一方面要求学生掌握计算机的基础使用方法以及相关编程软件的使用方法;另一方面通过计算机历史、计算机原理的学习,引导学生正确认识计算机的功能,了解社会生产、生活中的计算机应用情况。需要注意的是,这部分知识的学习只能在上机编程的过程中完成,因为"使用方法"只有在实际体验的过程中逐步掌握与反复练习才不容易被遗忘。"体验"作为很多实践性科学的主要学习方法,是学生自己作为学习主体进行探索与认知,并逐步完善相关技能的过程,教师在此过程中可以仅做学习方向上的引导和鼓励,协助学生充分激发自身的学习潜能。

(2) 培养计算思维与代码编写能力

上机编程的目标之一是希望学生通过编写代码的过程使自身的计算思维能够得到不断的完善和发展,即通过程序的有效性来检验方案的合理性。

计算思维的培养一方面是教师通过清晰的逻辑引导使学生能一步步地设计出合理的方案;另一方面可以通过多方案的对比锻炼学生的分析和总结能力,使学生能选择或整合出最优的方案。

在代码编写方面,教师可多进行示范性教学,并注重部分代码的细节讲解,使学生在程序的调试环节既能够少出错,也能够快速发现错误所在,避免因调试代码时进度缓慢而影响学生的学习积极性。

(3) 培养人文精神

编程教育的目标是培养适应未来人工智能生活的高素质人才,在学习编程知识的同时结合人文教育可以全面提升学生的综合素质。学生可以通过相关活动体验生活中常见的编程应用,感受编程对社会生活的影响,从而使自己的编程思维得到进步,这种进步体现在编写程序时能够进行人性化的设计,使制作出来的程序能够真正在生活中方便使用。

3. 编程活动课——应用编程知识的舞台

编程的主要活动形式包括主题活动课、编程相关赛事等。参与活动是检验学生学习成果,进一步锻炼学生能力的重要方式,与人工智能相关的活动更能推动学生将人工智能与编程相联系,加深学生对编程的理解。教师可根据当地的实际情况,组织学生参加不同形式的活动,促进学生综合能力的发展。

(1) 主题活动课

编程课程的主题活动课属于培养技能技巧课的类别。主题活动课的主题包括与常见的学科(例如数学、美术、音乐)融合的制作项目、社会项目(例如制作地理程序、地图册)、家庭项目(例如制作家用电器的程序)等,以主题形式开展编程的项目制学习能够很好地体现编程的多学科融合特性和实用性,在实践过程中可加深学生对编程的认知。

依据所在地区和学校的实际情况,主题活动课可以通过课外活动、兴趣社团等形式进行,也可作为特殊的教学环节出现在课堂教学与上机编程中。编程教育的目标之一是通过编程的学习使其他学科的学习体系更加完善,因此在进行相关主题设计时,建议任课教师跟相关学科的教师、社会企业及学生家长进行沟通,制订最合适的方案,确保主题学习能够达到预期的教学目标。

(2) 编程相关赛事

当前,与编程相关的赛事主要有三大类:机器人竞赛、创意编程赛事和信息学奥赛。其中的重点赛事可以参考教育部公布的全国性竞赛白名单。由于不同类型赛事对学生能力的要求有所不同,因此学校、片区可根据自身需求选择合适的赛事类型,进行统一的准备工作与参赛组织,以更好地实现通过赛事活动促进学生编程学习的效果。

机器人竞赛:例如"中国青少年机器人竞赛",重点考察学生的机器人技术水平,对学生的动手能力及应变能力提出更高的要求。机器人竞赛包含从组装机器人到编辑程序控制机器人完成指定项目的过程,因此对参赛者的机器人知识水平和编程水平均有所要求,适合有进行过机器人专项学习的学生参加。

创意编程赛事:例如"全国青少年创意编程与智能设计大赛",其可以分为创意编程与智能设计两类。比起考察编程能力而言,创意编程赛事更注重创意的展现,因此创意编程赛事的"能力"门槛是比较低的,反之需要一定的"创意"门槛。教师可在教学过程中关注相关学生的创意想法,有计划性地进行引导和培养,发展学生的创新思维,使其达到参加创意编程赛事的要求。

信息学竞赛：以信息学奥林匹克联赛为例，其考察的核心是数据结构和算法。信息学竞赛一般从初中阶段开始，包含多个级别的比赛。一方面，相比于其他的编程活动，信息学竞赛体现了更强的竞争性，是更高水准的平台，对教师进行学生组织与能力培训的需求比较高；另一方面，学生能够体验在高水平竞争中交流与学习的过程，有利于进一步开发学生的学习潜能。

（三）巩固练习

巩固练习是教师通过编制与课堂教学内容相吻合的、有代表性的题目供学生练习，使学生更深刻地理解所学知识，并学会应用知识解决实际问题的过程。编程课程的巩固练习部分相比一些传统课程来说要更加多一些，因为"练"是编程学习中最重要的一环。《设计》建议，编程课程在设计巩固练习时要注意以下四点。

1. 针对性

巩固练习要根据本节课的教学内容而定，一方面要突出课堂上的教学重点，使学生通过练习及教师的讲解过程能够明白本节课的学习重点；另一方面要帮助学生理解教学难点，这些难点通常难以直接通过新课讲授并使大部分学生掌握，这时候以练习作为补充，有利于学生通过更多方面的思考对知识加以理解。

2. 典型性

在大部分情况下，巩固练习不会占据课程的大量时间，这就要求所选择的题目要足够有代表性，力求用较少的练习量获得较好的效果，起到举一反三的效果。编程的练习可以多选用"观察代码，回答问题"的形式进行，通过合适的题目设计能够达到一道题目练习多个知识点的效果。

3. 层次性

练习的设计要遵循学生学习的基本规律,由易到难,由浅到深,由单一到综合,由抽象到直观,与课堂教学的进程相匹配,保证教材的知识能够转化为学生的知识。

4. 趣味性

练习的趣味性来源于一些新颖的内容设计或故事情节。例如,在题目设计中加入简短的情节设计,设计成"先阅读故事,再回答题目"的形式,这样容易使学生感受到练习的新鲜感。除此之外,通过课堂上的多个题目相互联系,形成闯关或环环相扣的关系,同样有助于提高学生在巩固练习环节的学习兴趣。

(四) 课堂总结

课堂总结是对教学内容进行归纳、总结的方法,可使学生所学的知识得到及时转化、升华、条理化和系统化。编程课程常用的课堂总结方法主要有以下几种。

1. 归纳法

归纳法是教师利用总结性的语言再现一节课或一个章节的知识结构体系,从而结束课堂的教学方法。

2. 比较法

比较法是教师通过分析和比较,使学生掌握新旧知识关系从而结束课堂教学的方法。在编程课程的教学过程中教师经常使用试错教学法,比较法适用于经过试错而得出的教学结论的总结。

3. 活动法

如果课堂教学的目标是制作一个完整的程序,那么教师可以演示学生制作的程序、引发学生的讨论来作为课程教学的总结,这就是活动法的一种具体形式。

4. 悬念法

悬念法是教师通过设置疑问、留下悬念以启发学生思考的课堂总结方法。这些疑问与悬念需要与课后练习或下节课的课堂内容相联系,既要留下问题作为学生的可发挥空间,也要适当地帮助学生解决这些问题,或给予解决问题的反馈,这样才能够保持学生对于这类问题思考的积极性。

5. 拓展延伸法

由于课堂时间的限制,编程课程在课堂上往往只能完成简单程序,或者复杂程序中的基础部分。对于简单程序来说,可以根据目前学生的知识水平,预设程序的完善方向,并将其作为拓展部分交由学生完成,要注意这部分的任务应是学生的知识水平所支持的;对于复杂程序来说,教师可说明完成程序的结构,要求学生在已完成部分的基础上进行完善。

6. 练习法

练习法是教师通过让学生完成练习、提交作业的方式结束课堂教学的过程。在练习的类型上,可以采取选择题、填空题、判断题、代码编写题等多种形式的搭配,保证练习能够正确地反映本节课所学习的内容;在练习的形式上,可以采用答题闯关、动画演示题目等形式,提高学生的答题积极性和复习效率。

7. 提问法

提问法是教师围绕课程主题进行提问,学生进行回答,教师再根据学生回答的情况进行必要的修正和补充的过程。提问法相比于练习法更容易活跃课堂氛围,但对教师的要求也会进一步提高。由于学生的回答具有开放性和不确定性,所以需要教师对课程体系有着深刻的理解,对于学生回答的应变能力也要有所提升。

（五）作业布置

作业布置是课堂教学的最后一个环节,一般由学生课后去完成。教师在作业的设计上需要考虑形式、容量、难度等方面,尽量做到题目类型丰富且灵活、容量合理、难度适中。

编程课程的作业布置需要考虑一个重要的因素,即学生家庭是否具备编程条件,这直接决定了题目类型中是否能够包含代码编写题目。学校在开设编程课之前,应对学生的编程基础、学生家庭的编程条件做一个大致的统计,并以此作为课堂实施环节的一个重要参考,如果大部分学生不具备回家后再使用相关设备继续编程的条件,那么与代码编写相关的内容就应该尽量放在课堂上完成,在布置作业时避免此类型的题目。

三、课程评价

课程实施和课程评价（教学评价）是课程开发的两个重要环节,两者属于相辅相成的关系。编程课程的评价既要对教学的效果进行监测,也要与教学过程相互交融,从而保证评价的涵盖面足够广,起到促进学生发展的作用。评价应以课程目标和内容标准为依据,体现编程课程的基本理念,全面评价学生在知识技能、综合思考、问题解决、情感态度等方面的表现。

基础教育改革的一个关键要点是建立与素质教育理念相一致的评价和考试制度,这就要求改变过往的课程评价过分强调甄别和选拔的功能,发挥评价促进学生发展、教师提高和改进教学实践的功能。鉴于以上要求,课程评价不仅要关注学生的学习结果,更要重视学生的学习过程和日常行为,才能建立起促进学生全面发展的评价体系。评价体系应采用多元化的评价方式,恰当呈现并合理利用评价结果,充分发挥评价的激励作用,保护学生的自尊心和自信心。教师通过课程评价得到的信息,可以了解学生编程学习达到的水平和存在的问题,有助于进行自我总结与反思,调整和改进教学内容和教学方法。

1. 评价体系的原则

(1) 主体的多元化

评价体系必须做到主体多元、方式多样。多元化的评价体系不仅有以教师为主体的测评,还要有学生的自我测评、相互测评以及家长对学生的测评等。

(2) 阶段的多元化

阶段的多元化指的是评价体系不仅要有总结性的评价,更需要有过程性的评价。过程性的评价包括课前、课中、课后对学生的学情和学习表现所进行的评价活动,更能够及时反映学生的学习情况。

(3) 重点的多元化

评价体系的重点应该体现多元化的特征,不仅要有"量"的测评,还要有"质"的测评,同时要兼顾评价的广度和深度,确保评价体系的价值。

(4) 形式的多元化

编程的评价体系应该存在多种形式,不仅要有纸笔形式的测评,还要以上机、展示等多种方式进行测评。采用多种形式的测评方式互相补充,才能较为全面地评估学生的学习效果。

2. 评价体系的功能

评价是反映教师教学成果与学生学习效果的重要环节,评价的功能主要包括引导功能、诊断功能、激励功能、交流与促进功能、反馈与调节功能等。

(1) 引导功能

评价体系的一个重点是评价标准,评价标准主要根据课程目标制定。显而易见,不同的评价标准会得到不同的评价结果,因此评价标准具有很强的引导功能。在设计编程课程的质量评价标准时,需要贴合课程目标,以合理的评价标准促进应试教育向素质教育的转变,站在提高人才培养质量和综合素质的角度,把教学理念、教学方法以及学生的自我发展需要引导到符合编程素质教育的大方向和总目标上来。

(2) 诊断功能

教学评价的诊断功能指能够揭示教学过程中存在的问题或肯定教学过程的能力。一方面,通过对学生个体实施具体的评价内容与方法,可使学生进一步明确自己的能力与特长,正视自己的弱点和不足,找出各方面的差距,使后天的素质养成向有利于发挥自身先天素质的方向发展;另一方面,相关的评价内容也有利于教师根据学生的主客观条件有针对性地实行因材施教的教学策略。

(3) 激励功能

合理地利用教学评价,能够激发和维持学生与教师的内在动力,调动内部潜力,从而更好地促进教师和学生提高教与学的积极性和主动性,激励师生一起改进不足。

(4) 交流与促进功能

在评价过程中,通过评价者与被评价者之间、各个被评价者之间的相互交流,能够看到他人的长处,同时也能注意到自己的不足,有利于不同教师、学生之间互相学习,取长补短。

(5) 反馈与调节功能

教学评价的反馈功能指的是评价者有目的地筛选部分评价信息,再将这些信息传递给评价对象,然后再搜集由评价对象返回的信息的过程;调节功能是建立在信息循环的基础上,评价者与被评价者之间不断自我修正的过程。

通过反馈与调节,教学评价活动能够不断提高自身的合理性和有效性,并在这个过程中不断深化对教学活动中可能发生问题的认识,进一步实现对教学活动的调节和控制。

3. 评价体系的内容

(1) 基础知识和基本技能的评价

对基本知识和基本技能的评价,应以各学段的具体课程目标为标准,考查学生对基础知识和基本技能的理解程度和掌握程度,以及其在学习基础知识与基本技能过程中的表现。在对学生学习基础知识和基本技能的结果进行评价时,应该准确把握"了解、理解、掌握、应用"不同层次的要求;在对学生学习的过程进行评价时,应依据"经历、体验、探索"不同层次的要求,采取灵活多样的方法,将定性与定量相结合,其中以定性评价为主。

每一学段的目标都是该学段结束时学生应达到的要求,教师需要根据学习的进度和学生的实际情况确定具体的要求。这些要求是在学段结束时应达到的,评价时应注意把握尺度,对超出标准以外不作过高要求。

示例 1:第三学段有关计算机导论的设置问题。

知识点	设置问题
认识计算机	12 GB 在计算机中等于多少 MB?
硬件与软件	鼠标在计算机的冯·诺依曼结构中属于哪个分类?
计算机网络协议	TCP/IP 协议的 4 层结构名称是什么?

教师应当允许学生经过较长时间的努力,随着编程知识与技能的积累逐步达到学段目标。在实施评价时,可以对部分学生采取"延迟评价"的方式,提供再次评价的机会,使他们看到自己的进步,树立学好编程的信心。

（2）编程思考和问题解决的评价

编程思考和问题解决的评价要依据总目标和学段目标的要求,体现在整个编程学习过程中。

在评价实施过程中应采用多种形式和方法,特别要重视在日常教学和具体的问题情境中进行评价。

示例 2:在第四学段的"掌握通过 Prim 算法和 Kruskal 算法求最小生成树"中,教师可以设计下面的活动,以评价学生编程思考和问题解决的能力。

给定一个简单带权图,如何才能找到一棵最小生成树?

在对学生进行评价时,教师可以关注以下几个不同的层次:

第一,学生是否能够理解题目的含义,能否提出解决问题的策略,如通过画图枚举进行尝试;

第二,学生能否找到若干满足条件的最小生成树,通过画图等形式对其进行有序排列;

第三,在观察、比较的基础上,学生是否能发现随着问题规模的变化,每次最小生成树结构的变化规律,并猜测问题的可能解决算法;

第四,对猜测的结果进行验证和证明;

第五,分别通过扩充规模和类似贪心的思想,探索出 Prim 和 Kruskal 等求最小生成树的方法;

第六,鼓励学生发现和提出一般性问题,例如,当给出的简单带权图从静态图变成动态图时,如何动态维护图的最小生成树。

（3）情感态度的评价

情感态度的评价应依据课程目标的要求,采用适当的方法进行,主要方式有课堂观察、活动记录、课后访谈等。

情感态度的评价主要在平时教学的过程中进行，注重考查和记录学生在不同阶段情感态度的状况和发生的变化。

示例 3：学生参与编程活动表现评价表。该评价表每个学期至少记录 2 次，教师可以根据实际情况自行设计或调整评价的具体内容。

学生姓名：_____ 时间：_____ 活动内容：_____

评价内容	主要表现
参与活动	
思考问题	
与他人合作	
表达与交流	

教师可以根据实际情况设计类似的评价表，也可以根据需要设计学生情感态度的综合评价表。

4. 评价体系的设计

（1）注重对学生编程学习的过程性评价

学生在学习编程的过程中，知识技能、综合思考、问题解决和情感态度等方面的表现不是孤立的。在评价学生每一个方面表现的同时，要注重对学生学习过程的整体评价，分析学生在不同阶段的发展情况。评价时应注意记录、保留和分析学生在不同时期的学习表现和学业成就。

示例 4：学生参与编程课堂表现的评价表。该评价表用于记录学生在课堂中的表现，并进行一定的积累，以便综合了解学生的学习表现以及变化情况。评价表中的项目可以根据实际需要自行调整，以便随时记录学生在课堂教学中的表现。教师可以有计划地每天记录几位同学的表现，保证每学期每位同学有 3~5 次的记录，也可以根据实际情况记录某些同学的特殊表现，如提出或回答问题具有独特性的同学、在某方面表现突出的同学、在某方面需要改进的同学等。经过一段时间的积累后，教师能够对学生平时编程学习的表现有一个较为清晰、具体的了解。

评价内容	张三	李四	王五
课堂参与			
提出或回答问题			
合作与交流			
课堂练习			
知识技能的掌握			
独立思考			
其他			

说明：记录时，可以用"3"表示优，用"2"表示良，用"1"表示一般，等等。

示例 5：学生某个完整学期的学业过程性评价表。此表用于总结学生在整个学期的编程课程中的学习兴趣、学习习惯、学习态度、课堂表现、活动参与、创新创造、进步情况等，与结果性评价一起构成评价时的最主要参考。

评价内容	评价具体内容	分值	总分(100分)
学习兴趣	1. 对编程有学习的愿望、兴趣和信心。	5	20分
	2. 有认真学习的态度。	5	
	3. 能够克服编程学习过程中遇到的困难。	5	
	4. 对编程学习有自主探究的精神。	5	
学习习惯	1. 养成课前预习的良好习惯。	5	20分
	2. 养成细心观察、认真记录的习惯。	5	
	3. 善于管理好自己的学习用品。	5	
	4. 勤于动手动脑，在程序设计时有创新精神。	5	
学习态度	1. 能明确认识自己的学习任务。	4	12分
	2. 有学习信心，能自我约束进行学习。	4	
	3. 在参与课堂活动时表现积极主动。	4	
课堂表现	1. 能倾听教师与其他同学的意见，并主动思考。	5	20分
	2. 能积极主动地展示自己完成的项目。	5	
	3. 讲究卫生，爱护计算机设备。	5	
	4. 遵守课堂纪律，做到有序提问和回答。	5	
活动参与	1. 愿意与小组成员就程序进行讨论和交流。	4	12分
	2. 能够提出问题，并与小组成员一起进行探究。	4	
	3. 具备一定的活动组织能力。	4	

续 表

评价内容	评价具体内容	分 值	总分(100 分)
创新创造	1. 能将所学的多种知识结合,并应用到实践当中。	4	8分
	2. 对于问题的解决方法,能够提出独到的见解。	4	
进步情况	1. 学习的主动性增强,好学倾向明显。	4	8分
	2. 代码编写能力增强,参与活动的积极性提升。	4	

(2) 体现评价主体的多元化和评价方式的多样化

评价主体的多元化是指教师、家长、同学及学生本人都可以作为评价者参与评价,可以综合运用教师评价、学生自我评价、学生相互评价、家长评价等方式,对学生的学习情况和教师的教学情况进行全面的考查。例如,每一个学习单元结束时,教师可以要求学生自我设计一个"学习小结",用合适的形式(表、图、卡片、电子文本等)归纳学到的知识和方法、学习中的收获、遇到的问题等。教师可以通过学习小结对学生的学习情况进行评价,也可以组织学生将自己的学习小结在班级展示交流。类似的评价形式可以使学生总结自己的进步,反思自己的不足以及需要改进的地方,汲取他人值得借鉴的经验。条件允许时,也可请家长参与评价。

评价方式的多样化体现在多种评价方法的运用方面,包括书面测验、口头测验、开放式问题、活动报告、课堂观察、课后访谈、课内外作业、成长记录等,在条件允许的地方,也可以采用网上交流的方式进行评价。每种评价方式都具有各自的特点,教师应结合学习内容及学生学习的特点,选择适当的评价方式。例如,可以通过课堂观察了解学生学习的过程与学习态度,从作业中了解学生基础知识与基本技能掌握的情况,从探究活动中了解学生独立思考的习惯和合作交流的意识,从成长记录中了解学生的发展变化。

(3) 恰当地呈现和利用评价结果

评价结果的呈现应采用定性与定量相结合的方式。第一学段的评价应当以描述性评价为主,第二学段应采用描述性评价和等级评价相结合的方式,第三、四学段可以采用描述性评价和等级(或百分制)评价相结合的方式。恰当地利用评价结果有利于增强学生学习编程的自信心,激发学生学习编程的兴趣,使学生养成良好的学习习惯,促进学生的全面发展。

评价结果的呈现应该更多地关注学生的进步,关注学生已经掌握了什么,获得了哪些提高,具备了什么能力,还有什么潜能,在哪些方面还存在不足等。

示例 6:对某位同学第二学段关于"程序设计"学习的书面评语如下。

张三同学,本学期我们学习了集成开发环境、程序的结构和数据。你通过自己的努力,能够使用集成开发环境,认识了命令行并能使用一些简单的命令,理解了分支结构和循环结构,编写的代码很出色,在这方面表现突出,但你在函数、函数变量、返回值概念这方面还存在一定的差距。继续努力,张三!评定等级:B。

以定性为主的评语,实际上也是教师与学生的一次情感交流。学生阅读这一评语,能够获得成功的体验,树立学好编程的自信心,也能够知道自己的不足和努力的方向。

教师要注意分析全班学生的评价结果随时间的变化,从而了解自己教学的成绩和问题,分析、反思教学过程中影响学生能力发展和素质提高的原因,寻求改善教学质量的对策;同时,以适当的方式,将学生一些积极的变化及时反馈给他们。

四、课程环境建议

中小学编程课程主要在学校计算机教室开展。当前,我国关于中小学计算机教室的建设无国家级规范,以省、市级规范为主,例如河北省教育厅发布的《河北省中小学计算机教室建设标准(试行)》(参见附录 C)、四川省质量监督局发布的《中小学计算机网络教室建设基本规范（地方标准）》(参见附录D)等。鉴于相关规范出台时，国家尚未提出在中小学推广编程教育，在规范中未对编程教育的设备需求予以考虑，因此《设计》对中小学编程课程的课程环境提出建议。

编程课程作为信息技术课程的一部分，编程课程环境应与信息技术课程环境统筹为一体进行设计，避免重复建设。目前，在各省份中小学信息技术教材中，编程已占据日益重要的位置，例如，四川省中小学信息技术教材从小学三年级到中学八年级每学年都设计了编程教学内容，福建省中小学信息技术教材在小学、中学各有一学期的教学以编程为主题；同时人工智能、机器人、3D打印等前沿技术也日益融入其中，例如，山东省信息技术教材就引入了3D打印和智能体验。因此，新一代编程课程环境不应只局限于计算机教室，而应以编程创客教室的定位进行统筹设计。

编程创客教室是指以创客教育理念为指导，以编程教育为核心，以人工智能、机器人、创意物化等为编程应用场景，匹配"硬件设备＋课程资源＋课程服务"的专用教室，可为学校开展创新性编程教学提供支持。在编程创客教室，学生完成理论学习与代码实践，扎实掌握编程知识，同时也可以更全面地体验编程的应用场景，掌握编程在软件与硬件层面的应用方式，进一步提升解决问题的能力和动手实践的能力。

1. 以创客教育理念为指导

创客教育是创客文化与教育的结合，基于学生兴趣，以项目学习的方式，使用数字化工具，倡导造物，鼓励分享，培养跨学科解决问题能力、团队协作能力和创新能力的一种素质教育（摘自《中国创客教育蓝皮书》）。

以创客教育理念为指导，要求编程创客教室的建设符合以下要求。

① 教室建设应配合项目制学习方式进行设计，强化和优化编程区、

加工区、调试区等教室功能区设计,凸显学生在学习中的主体地位,便于学生开展项目操作,激励学生发挥主观能动性。

② 教室建设应配置各种工具,例如积木搭建套件、3D打印机、激光切割机和五金套件等,这样有利于学生亲手将创意转变为现实,促进学生创新精神和实践能力的培养。

③ 教室建设应融合科学、技术、工程、艺术、数学等多学科知识,包括配置学科工具,悬挂学科挂图,以激励学生实现跨学科融合,促进学生全面发展。

④ 教室建设应注重交流沟通空间的设计,例如搭建展示台、配套会议桌、设计交叉路线等,促进师生互动、生生互动、团结协作,培养学生的团队精神与沟通能力。

⑤ 教室建设应注重创客文化的宣导和传播,通过氛围设计、展示型教具摆放、体验式教具摆放、成果展示、荣誉展示、小创客故事分享、创造发明历史故事挂图等方式,鼓励学生树立创客理念,培养其创客精神。

2. 以编程教育为核心

编程教育是编程创客教室的核心与基石,创客教室的一系列应用场景体验主要基于程序编写来实现,这也是当前信息技术发展的映射。因此,编程创客教室的硬件设施应足以支持学生流畅地开展程序编写与代码调试工作。

① 按照每人一台或每两人一台的标准匹配编程设备,考虑教师课堂管控的需求和连接其他硬件设备的需求,并不一定采用标准计算机作为编程设备,也可以根据需求进行重新配置与构建。

② 为满足编程需求,并进一步考虑基于编程实现人工智能应用的需求,要求编程设备主机 CPU 处理器 i5 四线程以上,运行频率不小于 2.5 GHz;内存不小于 8 GB;硬盘存储容量不小于 128 GB;网络支持 Wi-Fi 模块和千兆网卡;USB 接口不少于 6 个,HDMI 接口,VGA 接口

等;搭载 Windows 10 操作系统。

3. 以人工智能、机器人、创意物化等为编程应用场景

编程创客教室要带领学生探索编程在不同场景下的应用,深化学生对编程的理解与应用能力。

① 人工智能。体验人工智能设施,理解人工智能基本原理,能以编程实现部分人工智能应用。

② 机器人。体验机器人设施,理解机器人基础结构与控制原理,能以编程控制机器人的行为与判断。

③ 创意物化。理解创意物化的设计思路与基础操作,能以编程解决创意物化中的自动化问题。

④ 无人车与无人机。体验无人车、无人机设施,理解无人交通工具的设计原理,能以编程实现对无人车与无人机的基础操控。

4. 匹配"硬件设备＋课程资源＋课程服务"的专用教室

编程创客教室应是包括"硬件设备＋课程资源＋课程服务"的一体化教室,支持学校开展创新编程教育,保障学校信息技术教师能够在专用教室的支持下较好地开展创新编程教育工作。

① 硬件设备。硬件设备是编程实现对外操作的主要载体,是学生感知编程效果的重要对象,建议选择适用性广、操作标准的硬件设备,便于学生之后举一反三,开展更长期的学习。

② 课程资源。课程资源应以编程课程为基础,结合硬件展开,保障操作硬件所需的编程知识;课程资源应明确学习对象与授课方式,保障终端教学的有效开展和学生学习的有效进行。

③ 课程服务。专用教室应匹配专业培训、使用培训、教学巡检、设备巡检等专项服务,确保课程开展有基础,教学推进不变形,设备使用无故障。

小学和中学编程创客教室设施配置建议分别如表 4-1 和表 4-2 所示。

第四部分　课程活动

表 4-1　小学编程创客教室设施配置建议

序号	设备	建议数量	备注
1	编程设备	51 台	50 名学生 1 人 1 套，1 名教师 1 套
2	触屏式教学一体机（98 寸以上）	1 台	便于展示图形化编程拖动积木的编程过程，便于学生体验图形化编程的程序效果
3	编程交互板	26 个	集成各种传感器，与编程设备连接，支持通过编程调取和使用 50 名学生 2 人 1 套，1 名教师 1 套
4	人工智能实验箱	26 套	集成各种人工智能模块，与编程设备连接，支持通过编程调取和使用 50 名学生 2 人 1 套，1 名教师 1 套
5	普教机器人	26 个	集成各种传感器和机器人硬件，与编程设备连接，可搭建成机器人，并支持通过编程操控 50 名学生 2 人 1 套，1 名教师 1 套
6	3D 打印机	2 台	打印 3D 模型，配套传感器、人工智能模块后可实现学生创意
7	智能机器人	1 个	体验型教具，等人高，能进行基础问答，能根据指令运动
8	智能行车体验系统	1 套	体验型教具，可体验 360°环视，具有道路偏移警告、疲劳驾驶警告、限速探测等智能行车功能

表 4-2　中学编程创客教室设施配置建议

序号	设备	建议数量	备注
1	编程设备	51 台	50 名学生 1 人 1 套，1 名教师 1 套
2	教学一体机（98 寸以上）	1 台	便于教师展示编程过程，讲解编程要点
3	编程交互板	26 个	集成各种传感器，与编程设备连接，支持通过编程调取和使用 50 名学生 2 人 1 套，1 名教师 1 套
4	人工智能实验箱	26 个	集成各种人工智能模块，与编程设备连接，支持通过编程调取和使用 50 名学生 2 人 1 套，1 名教师 1 套
5	机器人套件	26 个	集成各种传感器和积木构件，与编程设备连接，可搭建成多种模型，支持通过编程操控 50 名学生 2 人 1 套，1 名教师 1 套

续表

序 号	设 备	建议数量	备 注
6	3D打印机	2台	打印3D模型,配套传感器、人工智能模块后可实现学生创意
7	激光切割机	1台	用于亚克力、三合板、五合板、布料、皮革、纸张、陶瓷等各种材料的切割与雕刻
8	数控雕刻机	1台	用于电路板制作、浮雕、立体雕刻、较高机械强度零件加工
9	五金工具	4套	包括锤子、钢挫、手锯、台钳、螺丝刀、扳手、热熔胶枪等工具,可用于模型加工

五、教师发展建议

根据《中小学综合实践活动课程指导纲要》,编程教育主要在中小学信息技术课程上开展,因此中小学编程课程的普及推广主要依靠中小学信息技术及相关学科教师来执行。中小学信息技术及相关学科教师是实现中小学编程课程普及的核心力量。鉴于我国自2017年开始全面在中小学推广编程教育,在此之前师范教育与教师岗位培训基本不涉及编程教学内容,处在教学一线的中小学信息技术及相关学科教师大部分对编程及其教学较为陌生,因此中小学信息技术及相关学科教师队伍急需开展体系化的编程教学培训,并为教师真正开展教学实践提供持续支持。

1. 编程教学能力要求

为在学校常态稳定地开设编程课程,支持中小学编程教育的推广,承担编程教学任务的教师应具备以下能力。

(1)编程专业知识

中小学信息技术及相关学科教师应具备编程专业知识,具体要求如下。

a. 掌握至少一门编程语言，负责日常教学的教师，语言掌握深度要求为对照《设计》的课程内容部分，足以达到覆盖所在学段的下一个学段的水平，确保足以对学生提出的问题进行体系化解答，对学生学习规划予以指导；负责赛事指导的教师，语言掌握深度要求为对照《设计》的课程内容部分，足以达到覆盖第四学段的水平，确保能为学生提供体系化指导与启发式教育。

b. 所掌握的编程语言遵循两大原则：一是优先选择所在省份所在学段信息技术教材所采用的编程语言；二是优先选择全球使用规模在１０００万人以上的通用编程语言。

c. 推荐小学教师优先学习图形化编程，兼修 Python 编程；推荐中学教师优先学习 Python 编程，兼修 C 语言。

（2）相关学科专业知识

编程作为一门工具学科，和其他学科之间有着密切的联系，既是呈现其他学科知识的有力载体，同时也需要其他学科知识支撑才能完成完整的代码编写工作，对于开展编程教学的中小学教师，相关学科专业知识的要求具体如下。

a. 掌握编程里所需的数学学科知识并能从数学教学角度进行讲解，具体数学学科知识要求参见《设计》各学段的"编程需要的数学基础"部分。

b. 掌握编程中所需的英文学科知识并能从英文教学角度进行讲解，文本型代码全部使用英文进行编写，教师应掌握所写单词的正确发音、词义与相关缩写。

c. 掌握编程过程当中高频出现的语文、美术、音乐等学科知识并能指导学生正确使用，跨学科融合要求促进更多学科的交叉应用，编程与语文、美术、音乐等学科都具有很好的融合点，教师应掌握相关学科知识，指导学生进行跨学科应用。

（3）编程课程设计能力

编程课程设计能力是指围绕课程目标与内容设计课程各个环节与

具体执行方案的能力。编程课程设计能力既要求遵循中小学教育教学规律,也要求能够契合编程学科教学的特色需求,具体如下。

a. 编程课程设计应该覆盖课堂导入、新课讲授、巩固练习、课堂总结和作业布置五个环节,教师可根据课程目标、学生水平等因素对环节进行增删,对各环节的时间分配进行调整,但应以大部分学生可充分参与课堂、有效吸收知识为调整标准。

b. 编程课程设计应在三个环节上注意编程学科的自身特色需求:在课堂导入环节,由于编程学科的工具性和实践性,应更多地采用问题导入、情景导入的方式,使学生更充分地认识到编程在解决问题、提高生活生产效率中的意义,激发学生学习的兴趣,同时培养学生信息意识;在新课讲授环节,由于编程知识对大部分学生而言较为陌生,与日常生活的衔接并不充分,所以教师应着力于专业概念的具象化、生活化讲解,以形象的案例、生动的阐释、风趣的语言深化学生的理解;在巩固练习环节,由于编程学科对学生的实操能力有较高要求,应预留更多时间让学生进行代码编写的练习,并通过适当的任务设计锻炼学生的代码调试能力。

(4) 编程现场教学能力

编程现场教学能力是指在课堂上按照课程设计实施课程并实现课程目标的能力。编程现场教学能力是教师编程专业知识、编程课程设计能力、教学组织能力等多项能力的综合体现,具体要求如下。

a. 具备扎实的编程专业知识并能对知识进行准确讲解。教师应对编程的概念、逻辑和实操有正确的认知和深入的理解,能为学生进行准确讲解,对学生的疑问予以准确解答,避免曲解或漏记。

b. 具备准确的判断能力并能对课程实施进行灵活调整。教师应基于课堂提问、课堂练习、课堂观察等一系列手段及信息化工具的支持,实时对学生知识掌握情况进行准确判断并以之调整自己的教学节奏与教学方式。

c. 具备良好的课堂组织能力,以实现教师教学与学生练习之间的收放自如。编程学科实践性强,要求学生边学边练,练习时间占据课堂较大比重,教师应具备良好的课堂组织能力,保障学生能将练习进行到位,实现教师教学与学生练习之间的良好过渡与反复切换。

2. 编程教育师资建设

为培养中小学信息技术及相关学科教师的编程教学能力,建立起一支中小学编程教育教师队伍,为我国中小学编程教育的推广提供师资保障,需采取一系列措施对编程教育师资队伍的建设予以支持。

(1) 师范院校增设相关课程与专业

师范院校应根据国家教育政策的变动对应调整课程、增设专业,为国家与社会培养中小学编程教育所需的专业人才。

a. 增设至少两门以上的编程语言专业课程,编程语言选择围绕一线教学需求开展,如图形化编程、Python 编程、C 语言等,开展体系化教学,增强编程专业能力,每门编程课程课时长建议不少于 36 课时,教学深度参考计算机科学与技术专业相同课时的教学进度。

b. 增设编程教学课程,延请一线编程教学教师,对编程的课程设计、现场教学乃至赛事指导进行专业培训与指导,培养师范生教学能力。

c. 增设编程教学实践实习活动,通过与所在地区中小学共建实习实践基地的形式,让师范生能更早地参与到实际的编程教学中,积累教学经验,同时也形成对所在地区编程教学力量的有效补充。

d. 随着国家对学生信息素养的日益重视和信息技术学科在课程中影响力的日益提升,视时机将计算机科学与技术专业在更大范围内纳入师范专业,并进一步增设相关师范专业。

(2) 教师培训增设编程教学培训

各高校继续教育学院、各省教育学院、各市教育科学研究院所、各区县教师进修学校应积极组织编程教学培训,为在岗的中小学信息技术及相关学科教师提供再学习、再提升的机会。编程教学培训既可纳入教师信息技术应用能力提升工程培训、信息技术教师教学培训等既有培训体系之中,也可作为专项培训开展,并最终保障充足的培训时长。编程教学培训既需以连续多天的专项培训来实现体系化学习,也需要通过专项论坛、教学研讨、学习会、工作坊、观摩课等激发教师的持续思考。编程教学培训可分为多个主题持续深入开展,具体如下。

a. 编程语言知识专项培训。培训时长为 20~30 课时,涵盖培训与考核,内容包括某一门编程语言的基础语法知识和基础操作实践(培训课程设置范例参见附录 A 和附录 B)。

b. 编程教学技能专项培训。培训时长为 20~30 课时,涵盖培训与考核,内容包括某一门编程语言教学的课程设计知识、现场教学知识、赛事指导知识等(培训课程设置范例参见附录 A 和附录 B)。

c. 专题培训。视具体培训深度而定,包括专题程序制作、课题研究、信息学奥赛指导、信息技术综合、跨学科融合等专题。

(3) 持续构建和深化各类教学教研活动

以各级教育局、教育科研院所、教师进修学校及中小学自身为主导,持续构建和深化各类编程教育的教学教研活动,为教师提供持续学习、不断深造、广泛交流的平台,具体包括:

a. 打造教学示范引领,搭建教学交流平台。积极在教学实践中发掘示范课程与标杆人才,广泛组织校内外、区域内外教师的教学发展交流合作,推进教学经验分享和教学改革创新。积极拓展外部联络,鼓励教师参与各类教师教学发展会议等,学习先进教育教学理念,积极融入编程教育普及进程。利用网络平台,汇集国内外优质课程,形成数字化教学资源共建共享。

b. 开展教学诊断咨询,解决问题提升水平。中小学编程教学尚处在发展初期,尚未形成体系化的、成熟的教育教学经验,应通过课堂评价、教学咨询、教学调查等方式对教学实践进行跟踪指导,根据教师需求提供有针对性的合作研修和咨询服务,持续总结教学经验,不断提高教师教学能力。

c. 建立教学评估体系,提供教学质量保障。加快教学质量保障体系建设,组织开展包括专业评估、课程评估、实践教学评估等在内的教学评估。建立教师教学质量考核与评价数据库,加强对教师师德修养、业务水平、教学能力、教学效果等的考核、检查和评估,高度重视学生评教和结果反馈,确保教学改革卓有成效、教学质量不断提升。

d. 建立编程教学制度,构建教学卓越文化。建立并完善包括课题管理、教师培训、教学评估、资源建设等系列政策,为教师教学发展提供行动指南。完善教学激励体系,组织优秀教学奖评选、微课教学比赛、教师技能大赛、创新教学案例等活动,激发教师教学的积极性、主动性和创造性。

附录 A　图形化编程教学师资培训

（一）图形化编程语言专项培训（20 课时）

序　号	课程名称	课程目标
第 1 课	初识图形化编程	认识图形化编程，了解该编程语言的特征与细项，理解图形化编程作为经典青少年编程教学语言的设计思路与基本思想
第 2 课	场景搭建	认识角色背景区，理解图形化编程场景搭建的意义，掌握四种角色创建方式、四种背景创建方式、五种造型创建方式
第 3 课	基础逻辑	了解脚本含义，掌握图形化编程的三种基础逻辑——顺序逻辑、重复执行逻辑、条件判断逻辑，掌握三种重复执行判断之间的区别，掌握两种条件判断逻辑之间的区别，掌握逻辑嵌套
第 4 课	运动代码积木（一）	理解图形化编程以坐标体系表示位置的方式，掌握基于"移动+方向"与基于坐标体系的两种运动构建方式
第 5 课	外观代码积木	掌握图形化编程的外观代码积木，理解大小、造型、特效、背景的构建意义和视觉意义
第 6 课	声音代码积木	掌握图形化编程的声音代码积木，掌握四种声音创建方式，掌握图形化编程自带的声音编辑软件，了解图形化编程声音库的内容与应用场景
第 7 课	侦测代码积木（一）	掌握图形化编程的部分侦测代码积木，了解侦测代码积木中各种判断条件的使用场景，学习侦测代码积木与条件判断逻辑的结合方式
第 8 课	运算代码积木（一）	掌握图形化编程的部分运算代码积木，了解各个运算代码积木的数学含义，掌握利用图形化编程进行复杂计算的方式
第 9 课	侦测代码积木（二）	掌握图形化编程的剩余侦测代码积木，了解内置变量的使用方式，掌握内置变量与运算代码积木的结合使用方式

续 表

序 号	课程名称	课程目标
第10课	运算代码积木(二)	掌握图形化编程的部分运算代码积木,了解字符串相关代码积木的使用场景,掌握利用图形化编程进行字符处理的方式
第11课	变量代码积木	掌握图形化编程的变量代码积木,掌握变量使用的三步走步骤,掌握积分器、计时器的设置方式
第12课	克隆代码积木	掌握图形化编程的克隆代码积木,理解克隆体在位置、造型和运行上的基本特征,理解克隆体与本体的代码共享与代码分离
第13课	运动代码积木(二)	结合运算代码积木和运动代码积木,实现复杂的运动效果,例如画圆、画波浪线等
第14课	运动代码积木(三)	结合运算代码积木、变量代码积木和运动代码积木,实现复杂运动效果,例如U形线、螺旋线等
第15课	画笔代码积木	掌握图形化编程的画笔代码积木,理解画笔代码积木与运动代码积木协作操作的方式,掌握基础几何图形的绘制技巧
第16课	音乐代码积木	掌握图形化编程的音乐代码积木,掌握音乐代码积木的基本使用技巧,掌握简单乐曲的代码编写方式
第17课	硬件连接代码积木(一)	了解图形化编程可操作的硬件类型,理解硬件构造,掌握图形化编程的硬件连接代码积木,理解软件与硬件之间的协作关系
第18课	硬件连接代码积木(二)	掌握硬件的基本操作方式,能够使用硬件进行基本的发光发声操作
第19课	自制代码积木(一)	理解自制代码积木的含义,掌握利用自制积木进行代码简化的方式
第20课	自制代码积木(二)	理解自制代码积木的参数含义,掌握利用带参的自制积木进行代码简化的方式

(二) 图形化编程语言教学培训(20课时)

序 号	课程名称	课程目标
第1课	编程课程设计概论	理解五大课程环节,掌握常见的设计方式
第2课	编程课程设计之课程导入	理解课程导入环节的意义,重点掌握问题导入、情景导入在编程教学中的使用
第3课	编程课程设计之新课讲授	掌握编程新课教授中的概念讲解、实例讲解、操作讲解与数学基础教学的课程设计方式

续表

序 号	课程名称	课程目标
第4课	编程课程设计之巩固练习	理解巩固练习环节的意义,掌握巩固练习的设计方式
第5课	编程课程设计之总结与作业	理解总结与作业环节的意义,掌握思维导图等重点课程总结方式,掌握编程作业设计技巧
第6课	编程课程设计之跨学科融合	理解跨学科融合的意义,理解编程与其他学科的融合情况与跨学科衔接点
第7课	编程课程设计之数学学科融合	掌握运用运算代码积木、变量代码积木设计数学学科融合程序的方式,掌握编程与数学学科融合的课程设计技巧
第8课	编程课程设计之语文学科融合	掌握运用运算代码积木(字符)、变量代码积木设计语文学科融合程序的方式,掌握编程与语文学科融合的课程设计技巧
第9课	编程课程设计之美术学科融合	掌握运用画笔代码积木、运动代码积木、运算代码积木、变量代码积木设计美术学科融合程序的方式,掌握编程与美术学科融合的课程设计技巧
第10课	编程课程设计之音乐学科融合	掌握运用音乐代码积木设计音乐学科融合程序的方式,掌握编程与音乐学科融合的课程设计技巧
第11课	编程现场教学之课堂氛围营造	掌握课堂氛围营造的基本方式,重点掌握课堂导入、概念讲解、代码调试环节的课堂氛围营造技巧
第12课	编程现场教学之代码调试(一)	理解学生常见代码编写错误类型,掌握测试代码错误的方式
第13课	编程现场教学之代码调试(二)	掌握代码调试的常见方法,掌握引导学生发现代码错误、开展代码调试的教学方式
第14课	编程现场教学之创新激发(一)	理解创新激发的教学意义与常见思路
第15课	编程现场教学之创新激发(二)	理解创新激发的现实困境,掌握创新激发的经典教学方式和教学激励方式
第16课	编程赛事解读	了解国内外经典编程赛事,理解编程赛事规则
第17课	编程赛事理论测试解读	了解国内外编程赛事理论测试经典题型,理解命题思路,掌握解题方式
第18课	编程赛事代码实操解读(一)	了解国内外编程赛事命题作品常见题型,理解命题思路,掌握解题方式
第19课	编程赛事代码实操解读(二)	了解国内外编程赛事半命题作品常见题型,理解命题思路,掌握解题方式
第20课	编程赛事备赛规划	掌握备赛规划制订的方式与技巧,理解赛事指导要点,掌握赛事带队要点

附录 B Python 编程教学师资培训

（一）Python 编程语言专项培训（20 课时）

序　号	课程名称	课程目标
第 1 课	初识 Python	了解 Python 的发展历程，知道 Python 2.0 版本与 3.0 版本的区别，学会搭建 Python 使用环境，熟悉几种常见的 Python 编辑器
第 2 课	Python 的变量	认识变量，了解变量的命名规范，知道变量基本的 3 种数据类型，掌握 3 种数据类型之间的运算关系，能够在各个数据类型之间进行数据类型的转换
第 3 课	第三方库的安装与使用	了解第三方库，知道第三方库的安装与导入方法。了解中小学 Python 比赛常用的 Turtle 库，掌握 Turtle 库的基础命令，能够结合变量使用
第 4 课	for 循环语句	了解 Python 中的 for 循环语句，知道 for 循环语句的基本结构，掌握循环变量，知道 range() 函数三个参数的意义
第 5 课	Turtle 库与循环嵌套	知道循环的嵌套规则与应用场景。了解多边形的角度与边数的关系，能够配合循环绘制多边形，能利用双层循环绘制多个多边形。能够利用双层循环解决某些数学问题
第 6 课	Turtle 库的颜色使用与循环的三层嵌套	掌握 Turtle 类库 color() 2 个颜色参数的意义，知道笔颜色、填充颜色、开始填充、结束填充对应的函数。认识 colormode() 函数的使用方法，理解 RGB 对应的颜色。了解循环三层嵌套，会绘制渐变图案
第 7 课	while 循环与 for 循环	掌握 while 循环的运行原理，理解 while 循环（条件循环）与 for 循环（次数循环）的区别，能够针对不同场景合理使用不同的循环类型

续表

序 号	课程名称	课程目标
第8课	Python 的分支语句 if-elif-else 与逻辑运算符	掌握 Python 的分支结构,即 if 语句。能够结合循环解决常见的算法题目。知道 break、continue、pass 三者的区别,会利用循环结合分支解决某些数学问题。会使用 and、or、not 表达不同的逻辑表示式
第9课	高级数据类型——列表、元组	能够将列表、元组数据类型和循环与分支语句结合,解决某些数学问题
第10课	高级数据类型——集合、字典	能够将集合、字典数据类型和循环与分支语句结合,解决某些数学问题
第11课	字符串的高级用法	能够对字符串进行切片拼接,查询特定字符,去除指定符号,进行大小写转化,掌握 format 的使用方法
第12课	随机数模块的应用	了解 Python 随机数模块的几种常用函数,熟练掌握随机数模块常用函数的用法
第13课	Python 自定义函数	了解 Python 文件之间的引用关系,了解 global 的用法,能够理解带参函数的传参过程
第14课	Python 文件的操作	能够利用 open() 函数打开、新建、关闭一个文件。能够掌握对文本文件的基本读写
第15课	Python 枚举、贪心算法原理	学会使用枚举算法。能够使用循环,从所有条件中找出符合可能的结果,比如用来解决算术运算的可能解。学会使用贪心算法,在解决问题时,求出局部最优解,而并不考虑是否是全局最优解,如硬币找零问题、0-1 背包问题
第16课	Python 递归、递推算法原理	能够学会通过找出相同的数学规律,选择正确的数学公式,进而解决问题。理解递归算法如何反复调用自身、调用函数或子过程,如计算一个数的阶乘
第17课	Python 面向对象编程之继承	理解类与类之间的继承关系与继承规则,了解形参 self
第18课	Python 面向对象编程之封装	能够理解类和对象,熟悉实例化过程。知道公有属性与私有属性的定义方法
第19课	Python 面向对象编程之多态	理解多态的意义,了解不同的子类对象调用相同的父类方法,会产生不同的执行结果。了解多态是以继承和重写父类方法为前提的
第20课	Python 结合 api 的案例	能够读懂市场上的 api 文档,能够结合 api 文档写出人工智能小程序,例如文字识别、人脸识别等

（二）Python 编程语言教学培训（20 课时）

序　号	课程名称	课程目标
第 1 课	编程课程设计概论	理解五大课程环节,掌握常见设计方式
第 2 课	编程课程设计之课程导入	理解课程导入环节的意义,重点掌握问题导入、情景导入在 Python 教学中的使用
第 3 课	编程课程设计之新课讲授	掌握 Python 新课教授中的概念讲解、实例讲解、操作讲解与数学基础教学的课程设计方式
第 4 课	编程课程设计之巩固练习	理解巩固练习环节的意义,掌握巩固练习的设计方式
第 5 课	编程课程设计之总结与作业	理解总结与作业环节的意义,掌握思维导图等重点课程总结方式,掌握 Python 作业设计技巧
第 6 课	编程课程设计之跨学科融合	理解跨学科融合的意义,理解 Python 与其他学科的融合情况与跨学科衔接点
第 7 课	编程课程设计之数学学科融合	掌握 for 循环、while 循环与条件分支语句,设计数学学科融合程序的方式,掌握编程与数学学科融合的课程设计技巧
第 8 课	编程课程设计之语文学科融合	掌握运用 open 函数打开文件,读取唐诗三百首内容,遍历相关文字,设计语文学科融合程序的方式,设计人工智能诗词赏析课程。掌握编程与语文学科融合的课程设计技巧
第 9 课	编程课程设计之美术学科融合	掌握运用 Turtle 模块并结合循环判断语句,绘制图案、设计美术学科融合程序的方式,掌握编程与美术学科融合的课程设计技巧
第 10 课	编程课程设计之 AI 融合	掌握运用百度 api（腾讯 api 等）,设计人工智能融合的课程的方法,掌握编程与 AI 融合的课程设计技巧
第 11 课	编程现场教学之课堂氛围营造	掌握课堂氛围营造的基本方式,重点掌握课堂导入、概念讲解、代码调试环节的课堂氛围营造技巧
第 12 课	编程现场教学之代码调试（一）	理解学生常见代码编写错误类型,掌握测试代码错误的方式
第 13 课	编程现场教学之代码调试（二）	掌握代码调试的常见方法,掌握引导学生发现代码错误、开展代码调试的教学方式
第 14 课	编程现场教学之创新激发（一）	理解创新激发的教学意义与常见思路
第 15 课	编程现场教学之创新激发（二）	理解创新激发的现实困境,掌握创新激发的经典教学方式和教学激励方式

续表

序号	课程名称	课程目标
第16课	编程赛事解读	了解国内外经典编程赛事,理解编程赛事的规则
第17课	编程赛事理论测试解读	了解国内外编程赛事理论测试经典题型,理解命题思路,掌握解题方式
第18课	编程赛事代码实操解读(一)	了解国内外编程赛事命题作品常见题型,理解命题思路,掌握解题方式
第19课	编程赛事代码实操解读(二)	了解国内外编程赛事半命题作品常见题型,理解命题思路,掌握解题方式
第20课	编程赛事备赛规划	掌握备赛规划制订的方式与技巧,理解赛事指导要点,掌握赛事带队要点

附录C 河北省中小学计算机教室建设标准(试行)(冀教备〔2005〕4号)

项	目	要 求	依据标准/规范
一、教室用房	计算机教室面积	要充分考虑设备本身、人员操作、维修维护等空间的需要 计算机教室面积生均面积大于等于1.8 m²	GB 2887—89《计算站场地技术条件》、GB 9361—88《计算站场地安全要求》
二、室内设施	微机桌凳	专用单人或双人微机桌椅(凳),摆放布局合理,使用方便,易于维护	
	供电系统	1. 计算机系统供电应与动力电路分开,加装配电箱 2. 在供电电压不稳定的地区,整个系统应配有稳压电源。服务器须配有UPS电源 3. 供电若为三相电,三相电要基本保持平衡 4. 电源插座符合供电规范	
	安全防护	1. 供电系统加装漏电保护装置 2. 接地系统安全、可靠,符合国家有关标准 3. 要有防火(符合消防要求)、防水、防盗措施	
	室内环境	1. 室内照明距离地面0.8 m处光照度大于等于300 lx 2. 地面、墙壁、顶棚应采用不易吸尘、不易产生静电的材料;室内无强磁场干扰;要装有窗帘、调温、调湿设备。温度:14~30 ℃。相对湿度:40%~75% 3. 有必要的防尘措施	

续 表

项　目		要　求	依据标准/规范
三、计算机及设备	学生用机	学生用机配置满足信息技术教育,能够运行多媒体常用工具平台软件、课件、辅助教学软件等需要 基本配置:显示器为不小于 15 英寸的数控彩显;主机 CPU 主频大于等于 1.8 GHz 或其他同等性能以上产品,内存大于等于 128 MB;硬盘(可选)容量大于等于 40 GB;网卡 100M;声卡;耳麦;具备还原功能	GB 2887—89《计算站场地技术条件》、GB 9361—88《计算站场地安全要求》
	教师用机	基本配置不低于学生用机,另须配有光驱、软驱、USB 前置接口、音箱,具备系统还原功能	
	联网教室	计算机教室要联网,配有电子教室管理软件,有较丰富的应用软件、教学课件等,可上互联网或具有模拟 Internet 的功能	
	服务器	基本配置:显示器为不小于 15 英寸的数控彩显;主机 CPU 主频大于等于奔腾 4(Pentium4)2.4 GHz 或其他同等性能以上产品,内存大于等于 512 MB;硬盘容量大于等于 120 GB	

附录 D 中小学计算机网络教室建设基本规范(地方标准)

1. 范围

本标准规定了中小学计算机网络教室的基本要求,包括间数、面积、位置、设施、温度、通风、照明、设备和安全、环保要求。

本标准适用于省中小学计算机网络教室建设。

2. 规范性引用文件

下列文件对于本文件的应用是必不可少的。凡是注日期的引用文件,仅注日期的版本适用于本文件。凡是不注日期的引用文件,其最新版本(包括所有的修改单)适用于本文件。

GB 50034—2004	《建筑照明设计标准》
GB 50052—2009	《供配电系统设计规范》
GB 5701—2008	《室内热环境条件》
GB/T 9361—2011	《计算机场地安全要求》
GB/T 17226—1998	《中小学校教室换气卫生标准》
GB 21748—2008	《教学仪器设备安全要求 仪器和零部件的基本要求》

3. 要求

3.1 间数

不同类别的学校计算机网络教室间数分别见表1、表2、表3、表4。

表 1　小学计算机网络教室间数

平行班数	2个以下平行班（完全小学）	2~3个平行班	4~5个平行班	6~8个平行班
计算机网络教室间数	1	1	1~2	2~3

注1：本标准以每班45人为基准测算。

注2：学校平行班大于8个班的，每增加2个平行班时，在上限的基础上计算机网络教室增加1间。

表 2　初中学校计算机网络教室间数

平行班数	4个以下平行班	4~8个平行班	9~12个平行班	13~16个平行班
计算机网络教室间数	1	1~2	1~2	2~3

注1：本标准以每班50人为基准测算。

注2：学校平行班大于16个班的，每增加4个平行班时，在上限的基础上计算机网络教室增加1间。

表 3　九年一贯制学校计算机网络教室间数

平行班数	2个以下平行班	2~3个平行班	4~5个平行班
计算机网络教室间数	1	1~2	2~3

注1：本标准以每班50人为基准测算。

注2：学校平行班大于5个班的，每增加2个平行班时，在上限的基础上计算机网络教室增加1间。

表 4　高中学校计算机网络教室间数

平行班数	4个以下平行班	4~8个平行班	9~12个平行班	13~16个平行班
计算机网络教室间数	1	1~2	2~3	3~4

注1：本标准以每班50人为基准测算。

注2：学校平行班大于16个班的，每增加8个平行班时，在上限的基础上计算机网络教室增加1间。

3.2 面积

每间计算机网络教室生均使用面积不应小于1.9 m²。

3.3 位置

宜设在楼房的中、上层，不宜设在地（底）层和顶层。

3.4 设施

3.4.1 地面

地面可铺设防静电地板,也可使用地砖、地板革、水磨石地面。地面应防尘、易清洁、耐磨、防滑、哑光。地板应符合GB/T 9361—2011的要求。

3.4.2 布局

学生计算机桌若采用纵向排列,列间的最近距离不小于1 300 mm;若采用横向排列,桌间距离不小于600 mm;也可根据需要以圆形或扇形排列,以方便学生小组合作学习。

3.4.3 电源

供配电系统应符合GB 50052—2009的要求,采用三相或单相交流电源供电,总电流不小于80 A,平均分配负载。安装配电箱及其漏电保护装置。室内配电线路应采用满足防火要求的暗线敷设,安装有可靠的接地、防雷装置。

3.4.4 布线

网络布线、电源布线必须符合国际、国内相关的建设和验收标准或规范,线路应隐藏(可通过学生桌来阻隔跟学生接触)。防静电地板下的布线要有防鼠、防水保护措施。地面开槽布线时,盖板要坚硬不变形,且容易开启,以便于维护。

3.5 温度

室内应配备温度调节设备,应符合GB 5701—2008的有关要求,宜在16~28 ℃。

3.6 通风

采用自然通风或强制排风,换气次数应符合GB/T 17226—1998的有关要求,室内二氧化碳浓度应低于1.5‰。

3.7 照明

采用自然光和辅助照明,照明应符合GB 50034—2004的有关要求,平均照度不低于300 lx的要求,照度均匀度不低于0.7。应安装、使用节能灯具。

3.8 设备

设备要求见表5。

表 5 设备要求

序 号	名 称	规格与功能	单 位	配备数量
1	服务器	主频大于等于 2 GHz，内核数大于等于 8 个，线程数大于等于 8，高速缓存大于等于 16 MB，内存大于等于 8 GB，10/100/1 000 Mbit/s 自适应网卡接口大于等于 2 个，热插拔 2.5 英寸 SAS 硬盘 300 GB 的 3 块，支持 RAID5 配置，双电源冗余	台	≥1 台/间（选配）
2	教师用计算机	多媒体配置（带光驱）	台	1 台/间
3	学生用计算机	多媒体配置，带话筒、耳机，具备系统还原和网络同传功能	台	小学 45～50 台/间，初中（九年一贯制）、高中 50～60 台/间
4	计算机软件	操作系统、教学软件、网络教室管理系统、杀毒软件、绿色上网管理软件	套	满足教学需要
5	稳压电源	≥10 kV·A	台	1 台/间（选配）
6	配电箱设备	尺寸大于等于 400 mm×200 mm，总电源空气开关大于等于 80 A，网络设备应安装分组空气开关单独供电，学生计算机可分组布线并安装分组空气开关，分组电源空气开关大于等于 60 A	组	1 套/间
7	网络信息口	RJ45	口	按"设备实际需求数＋20% 冗余数"计算
8	UPS 电源	后备式，延时大于等于 1 h	台	1 台/间（选配）
9	机柜	22U 以上标准机柜，含电源管理单元	台	1 台/间
10	交换机	端口大于等于 1 000 M，电口大于等于 24 个，光口大于等于 2 个，全线速交换，可网管，支持 VLAN，支持端口隔离	台	≥3 台/间

续 表

序号	名称	规格与功能	单位	配备数量
11	多媒体投影机	分辨率大于等于1 024×768,有效亮度大于等于3 000流明,对比度大于等于3 500∶1,灯泡在标准亮度模式下使用寿命大于等于3 000小时,具有防尘设计和断电保护功能	台	1台/间(选配)
12	屏幕	大于等于100英寸	幅	1台/间(选配)
13	视频(实物)展示台	功能满足教学需要	台	1台/间(选配)
14	打印机	激光或喷墨打印机,打印幅面大于等于A4	台	1台/间
15	讲台	2 400 mm×800 mm×850 mm(±5 mm)	张	1张/间
16	学生计算机桌	1 200 mm×600 mm×760 mm(±5 mm)	张	小学23～25张/间,初中(九年一贯制)、高中25～30张/间
17	学生座椅	座高:400～440 mm	张	小学45～50张/间,初中(九年一贯制)、高中50～60张/间
18	教师座椅	最大座高:460 mm	张	1张/间
19	无尘白板	尺寸大于等于4 m×1.2 m	台	1台/间
20	排气扇	大于等于65 W	个	大于等于2个/间(选配,保证通风良好)
21	灭火器	手提式,大于等于2 kg	只	大于等于2只/间
22	空调		台	1～2台/间(选配)
23	防盗设备		套	1套/间
24	防雷设备		套	按防雷办要求配备

3.9 安全、环保要求

3.9.1 安全

应根据人流安全疏散的要求设置前后门,室内应配备不少于2个手提式灭火器,规格不小于2 kg。

3.9.2 电气

配备的仪器设备及零部件如为强制性认证产品,应获得"CCC"认证;如为非强制性认证产品,其电气安全应符合 GB 21748—2008《教学仪器设备安全要求 仪器和零部件的基本要求》的要求。

3.9.3 环保

室内应避免甲醛、苯、氡等有害气体和放射性污染。